U0049092

日本餐酒誌

——跟著SSI酒匠與日本料理專家尋訪地酒美食

積木文化

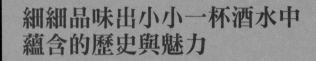

細細品味出小小一杯酒水中
蘊含的歷史與魅力

　　這本書的構想是來自於一位全心貫注於日本料理的餐廳經營者心中理想。從一開始在餐廳裡推薦高品質的日本酒，但卻不知道該如何讓日本酒與料理有完美的搭配，更說不出每一款酒背後的故事。一路走來，他發現這似乎違背了原始希望推廣日本飲食文化至海外的初衷，於是決心更加深入日本酒的領域。歷經苦讀SSI唎酒師及講師課程，到最後終於取得日本酒匠認證資格，就是希望能夠以最輕鬆、有趣的方式，將日本飲食文化之精髓傳達給海外的朋友們。而抱持這樣信念的餐廳經營者就是──我。

　　酒沒有所謂的好壞之分，只有適合不適合個人偏好的問題，若能去了解酒造背後的故事，與屬於該地的特有文化，更能細細品味出小小一杯酒水中蘊含的歷史與魅力。

　　我常形容日本酒好比一首歌：開心時聽著輕快的節奏讓人更加喜悅，狂歡時具有震撼力的舞曲能將氣氛炒至最高點，傷心時就像放著回憶過去美好的歌曲，讓人更陷入無法自拔的悲傷裡；若將這些心情換算成屬於我的日本酒品飲公式，就變成：開心時品飲微帶花果香氣的討喜酒款，狂歡時追求潔淨俐落的酒質，好讓我能輕鬆的乾杯再乾杯，傷心時或許會選擇有層次的豐韻酒體，酸甜苦澀的味道，在複雜糾結中卻表現出圓潤，讓美味慢慢訴說出其實我也能過得很好。

　　每款酒都有適合的飲用心情與場合，前提是我們得先了解自己的喜好。這本書中除了基本的日本酒知識外，我們將場景移到日本，在空中來回飛行了23,700公里，在路面行駛了1,380公里，到了8個縣市，參訪了12個酒造。從吐著白煙雙手凍僵的北海道，到吸麵時發出嘛嘛聲響才代表拉麵美味的九州。選出了人氣觀光地區，進一步了解在地飲食文化與具有代表性的酒造背景，在餐酒的搭配上，完全符合了地酒文化的要素，以地方性的食材，與料理手法搭配地方性的酒款，並由日本美食家渡邊老師與酒造代表，和我以外國人的想法與立場，親身體驗所有推薦的酒食搭配法。讓日本之外的朋友們，能以最輕鬆的方式，體驗日本最精華的地方文化與好酒美食。

　　酒海無涯，學無止盡。希望我能在這條學習的道路上，藉由分享學習到的事物，讓讀者在生活中多體驗一份喜悅，我想這就是自己投入飲食文化推廣工作的初衷了。

歐子豪

一本結合日本人感受
與外國人觀點所完成的書

　　踏入社會之前，我幾乎是滴酒不沾。在成為社會新鮮人後的第一年，由於工作的關係，在許多場合裡必須品飲日本酒，於是就在忐忑不安、戒慎恐懼的心情下開始接觸日本酒。喝過之後才驚覺到——「咦！怎麼會這麼美味，而且是如此極致的美味。」優雅的香氣、絕妙的風味及餘韻都令我大開眼界，而這樣的味道為何至今都沒有嘗試過？甚至因為這一口酒，也令我開始感到困惑。

　　品飲日本酒時，當下的場合是非常重要的；因此希望品飲者能夠享受到當地的鄉土料理與地酒搭配之樂趣，也成為招待者的立意。換句話說，就是感受當地的「風土」——以當地的食材製作的鄉土料理，搭配使用當地的水釀造而成的日本酒。當兩者合而為一之後所產生、無法用言語形容的美味，一直引領著我，而這也成為精通料理的我開始鑽研日本酒的動機，於是誕生了「唎酒師渡邊人美」。

　　一旦開始追求日本酒與料理的搭配，充滿魅力的幸福世界也就不斷地向外延伸。這本專談日本酒與料理搭配的書，就是希望能夠帶領各位海外的日本酒愛好者，一同感受這個風味絕妙的新世界。當你接觸了代表日本傳統且深具魅力的國酒（日本酒）之後，會發現當你越瞭解它，越是會被酒中所蘊藏的深度、廣度及複雜度深深地吸引。期盼各位可以從中真正地感受到日本酒魅力的精髓。此外，日本酒與料理相互搭配之後，各自可以提升到何種境界？可以帶領我們到達何種嶄新風味的世界？我想，答案應該是「無限大」。

　　另一個讓我瞬間被日本酒吸引的要素就是「風土」。透過親身感受到的感覺是相當重要的。在感受「土地的氣息」、「空氣」與「溫度」等因素的同時，在相同的土地上，享受當地釀造的日本酒與鄉土料理，沒有比這個更加奢侈的事了。在日本，即使有很多日本人希望這麼做，但我想能夠獲得這樣機會、真實體驗的人應該不多。但是，希望各位海外的日本酒愛好者，能站在非日本人的角度，運用您客觀且敏銳的感覺，以單純的想法，誠摯地面對日本酒，請一定要親自造訪日本。

　　這一次與我共同執筆的歐老師，就如同我首次與日本酒相遇時一樣，像一位少年般，以開心愉悅的心情來敘述日本酒，而我也從他高度誠摯的態度中獲得許多動力。這是一本結合日本人的感受與外國人的觀點完成的書，衷心期盼可以成為不僅是您在自己的國家，甚至是在造訪日本時，不可或缺的日本酒經典之作。

渡邊人美

日本酒的魅力

酒精飲料可分成四大類別：釀造酒、蒸餾酒、利口酒與氣泡酒。日本酒屬於釀造酒，酒精濃度約落在14～18度之間，相較於其他的酒類，日本酒在酒質的表現與文化上，都有著獨特的魅力。

5～55℃・飲用溫度帶廣泛

從5℃的雪冷，展現出清爽感及銳利的味道表現，到55℃的飛爛，展現出瞬間熟成的酒體圓潤變化，50℃的溫度差之間，各有不同的香氣與味道表現。日本酒是少數能在單一酒款中，產生如此多變的一種酒。

4季・皆有代表商品

冬季・初搾酒：在釀造期間，第一批完成釀造所搾出的酒款可稱為初搾酒。

春季・新酒：在日本酒的特有計算釀造年內（每年的7月1日到隔年的6月30日）所產出的為新酒，大多會在立春前後推出，慶祝釀造完成。

夏季・生酒：炎炎夏季裡，以未經過低溫加熱殺菌的酒款，表現出新鮮感與清涼感。

秋季・冷卸酒：經過夏季的熟成，酒體展現出飽滿感，與入秋食材慢慢呈現出油脂感或個性感互相呼應。

2次・溫體效果

酒精飲料大多屬於較虛寒性的飲品，但日本酒在體寒效應中是唯一接近中性的飲品，也可說是對身體最溫和的酒精飲料。加上能加溫品飲，入口時的暖，與對身體不虛寒的效應，我們稱它為二次溫體效果。

並行複發酵・高技術的釀造法

酒精發酵主要是以酵母將糖轉換成酒精而成。而在日本酒中，複雜的並行複發酵，指的是菌種在將米所屬的澱粉轉換成糖分，同時再將其轉換成酒精，是一種相當複雜的發酵模式，也是日本酒會如此纖細的原因之一。

350ml・日日美肌與防止老化

日本酒在每日約350ml適量的品飲下（因個人體質而異），可以有效促進血液循環及舒壓。日本酒中標榜旨味的α GG（麴酵素與葡萄糖結合而成），更證實具有保濕效果與彈性，而且主掌保濕成分的氨基酸比紅酒多上約十倍。這也是近年來以米發酵作為保養品的各式商品在日本盛行的原因。

2,000年歷史・餐搭方式與豐富的酒器文化，耐人尋味

日本酒中的麴，有抑制食材產生臭味的特性，因此在許多料理的搭配上，都能有良好的包容性。日本酒文化擁有二千年的歷史，在各地區都衍伸出屬於各自獨特的文化表現。石川縣典雅的九谷燒，搭配華麗酒感的金澤酵母吟釀酒；岡山縣的備前燒，搭配以酒米雄町所釀出的厚實酒體；喝酒豪邁的高知文化，搭配飲酒罰喝遊戲的可杯……多元化的酒器選擇，表現出耐人尋味的特有文化價值。

骰子轉到哪個就用哪個酒杯裝酒乾杯。

日本餐酒誌
——跟著SSI酒匠與日本料理專家尋訪地酒美食

 第一篇 邊喝邊學快速認識日本酒

 第二篇 地酒美食搭配學

一、北海道地方

二、北陸地方

三、東海地方靜岡縣

四、近畿地方

五、九州北部

第一篇

邊喝邊學
快速認識日本酒

SSI
日本酒四大分類

SSI的全名為「日本酒侍酒研究會・酒匠研究會聯合會」（日本酒サービス研究会・酒匠研究会連合会），
創辦於1991年，對於日本酒教育界來說，是最具影響力的一個團體。
SSI所推廣的日本酒有四大分類法，主要是針對一般消費者設計的觀念原則，
教大家如何能在很短的時間內，
輕鬆的理解、想像酒款的香氣與味道特徵，並選擇適合的酒器搭配。

四大分類法對於一般消費者來說是屬於相當便利的分類模式。由日本酒的香氣表現與味道表現作為基礎，依據表現的強與弱，作為歸類的參考。

四大類酒款的特徵

薰酒──香氣較高

薰酒有著花果般的清雅香氣，是富有香氣的酒款，以甜美的花果香為特徵，是杜氏們曠時費日之作，種類多元，味道從輕快到濃醇都有，在海外市場具有相當高的人氣。

· 主要酒類：純米大吟釀、大吟釀、吟釀酒。
· 釀酒過程：精米步合較低、低溫發酵或使用吟釀酵母。
· 適合的酒器：香氣的表現為重點，可選擇葡萄酒杯、喇叭杯型、寬口徑的杯型。

爽酒──香氣較低，入口輕快清爽

爽酒是輕快與清爽的酒款，具有淡麗辛口的清新魅力，是日本酒裡最為清淡且單純的味道，也是能容易搭配多元料理的酒款，屬於輕鬆且容易品飲的酒款。

· 主要酒類：生酒、生貯藏、生詰酒、本釀造、吟釀酒。
· 釀造過程：短期間熟成型或不經低溫加熱殺菌處理過程。
· 適合的酒器：清爽感的表現為重點，可選擇代表夏季的竹筒杯，清涼感的江戶切子杯，直筒杯型。

醇酒──香氣較低，口感紮實回甘旨味高

日本酒的原點，最具有日本酒中「米」風味的甘口味道，濃郁且多味，是最傳統性的日本酒王道。

· 主要酒類：純米酒、本釀造、生酛酒。
· 釀造過程：最後釀製不加水調整（原酒）、不經多層濾過、精米步合較高。
· 適合的酒器：以厚實感或旨味感的表現為出發點，可選擇厚實杯口的備前燒，一口容量的燒窯杯型或陶瓷杯型。

熟酒──香氣高且複雜，口感重尾韻強

經過數年時間的熟成，色澤呈現黃金色。屬於價值高的稀有日本酒。酒精濃度、酸度、甜度都偏高。有著乾果實的香甜，香辛料般的複雜味，是具層次感與深度感的稀有酒款。

· 主要酒類：古酒、祕藏酒、長期熟成酒。
· 釀造過程：低溫或常溫下長期熟成。
· 適合的酒器：以色調的表現或慢飲聞香為考量點，白蘭地杯型，金色杯壁的漆器杯型。

SSI日本酒香氣與味道四大類型

香氣高

· 香氣高
· 花果般華麗香氣
· 受到海外市場歡迎

薰酒

熟酒

· 香氣高且複雜
· 口感富層次感，餘韻強
· 金黃色澤
· 高價稀有款

味道淡（Light Body）　　　味道醇（Full Body）

· 口感輕快、清爽
· 易喝入門款
· 輕鬆簡單的酒體

爽酒

醇酒

· 旨味高、紮實回甘
· 較有旨味與厚實感
· 日本酒的原點

香氣低

註：縱軸為香氣的表現，橫軸為味道的表現。

極米

日本酒的原料「米」，
如同葡萄酒原料中的葡萄一樣重要。
葡萄決定了酒的味道，
而米則決定了酒的個性。

日本酒酒米相當多元：如耐冷性高的北海道吟風酒米、酒界米王之稱的兵庫縣山田錦酒米、較容易釀出淡麗酒質的新潟越淡麗酒米，或像老藤葡萄般可釀出具深度酒體的復古米種渡船酒米、神力酒米，漫畫《夏子的酒》所出現的龜之尾酒米，或是會因熟成而慢慢散出來自米的旨味之酒米愛山等。

日本酒的釀造過程與風土，左右酒質的味道與好壞程度，但原物料好壞也決定了起跑點的優劣。日本著名的越光米，是美味的食用米，但與適合釀造用的酒米條件不一樣。食用米與釀造酒米最大不同在於澱粉成分的含量。食用米如果支鏈澱粉含量多，會產生我們認為美味的黏性口感，但是這黏性高的特徵並不利於釀造。因為釀造所需的搓揉動作，會導致結塊，無法進行米粒個體戶的糖化作業，所以好的釀造用酒米如果當成食用米，吃起來會幾乎無黏性，並不美味。

在所有的釀造用酒米中，經由日本農林水產省所認定為優質酒米的品種，稱為酒造好適米。酒造好適米的基本認定條件為1. 米粒大：千粒糙米重約26～30克，2. 有心白：由於這個部分柔軟，麴菌的菌絲亦容易向內延伸繁殖，有助於釀造中的製酒母及製醪的糖化作業，3. 蛋白質、脂質含量少：過多的蛋白質容易產生雜味，而脂質容易讓酒質酸化，產生出不好的氣味，4. 外硬內軟的特質：外硬讓米粒容易各自作業，內軟讓麴菌容易向米心內延展，有助於糖化作業。

清酒的釀製米，選用一年只收成一次的粳米。9月收成的酒米稱為早生米，大多米粒較小，多半不適合高精米（容易碎裂），主要生長在較寒冷區域的產地，也多呈現較輕盈的酒體。代表性的酒米：新潟縣的五百萬石，北海道的吟風。10月收成的酒米稱為晚生米，米粒較大，用於高精米的比例高，多半呈現出較Full body的酒體。代表性的有：岡山縣的雄町，兵庫縣的山田錦。

米的產區

喜愛日本酒的消費者，多數對兵庫縣產的山田錦酒米耳熟能詳，由於米粒大（澱粉含量高）、個性溫和（給予安定度高的釀造）的特

人氣酒米

品種	主要產區	收成屬性	多半呈現
山田錦	兵庫縣，福岡	晚生米	香氣優雅與圓滑的酒感為特色。
五百萬石	新潟縣，福井	早生米	柔軟且乾淨的酒質，屬於較低調型的香氣表現。
美山錦	長野縣	中生米	清爽潔淨的酒質。
出羽燦燦	山形縣	中生米	多層次與微甘口的酒質表現。

人氣古酒米

品種	主要產區	收成屬性	特色
雄町	岡山縣	晚生米	具深度且個性鮮明的味道表現。
龜之尾	山形縣	中生米	豐郁的味道表現，有Dry與酸味的特性。
強力	鳥取縣	晚生米	經熟成後旨味表現出具深度的回甘與個性。

全日本酒米分布圖

鳥取縣	強力 五百萬石 玉栄 山田錦	廣島縣	雄町 藝備錦 千本錦 八反 八反錦1號
島根縣	改良雄町 改良八反流 神之舞 五百萬石 佐香錦	山口縣	五百萬石 西都之雫 穀良都 白鶴錦 山田錦
岡山縣	雄町 山田錦		

新潟縣	五百萬石 越淡麗 一本〆 雄町 菊水 白藤 北陸12號	石川縣	五百萬石 石川門 北陸12號 山田錦	長野縣	人心地 美山錦 金紋錦 白樺錦 高値錦
富山縣	雄山錦 五百萬石 富之香 美山錦 山田錦	福井縣	五百萬石 奧譽 越之雫 神力 山田錦		

徳島縣	山田錦
香川縣	雄町 山田錦 大瀬戸
愛媛縣	雫媛 山田錦
高知縣	風鳴子 吟之夢 山田錦 土佐錦

北海道	吟風 彗星

福岡縣	夢一献 山田錦 雄町 吟之里 五百萬石
佐賀縣	西海134號 佐賀之華 山田錦
長崎縣	山田錦
熊本縣	山田錦 吟之里 神力
大分縣	雄町 五百萬石 山田錦 若水
宮崎縣	華神良樂 山田錦 千穗之舞

青森縣	古城錦 華想 華吹雪 豐盃	福島縣	五百萬石 華吹雪 美山錦 夢之香
岩手縣	吟乙女 吟銀河 結之香	山梨縣	吟之里 玉栄 人心地 山田錦 夢山水
宮城縣	蔵之華 星上 日和 美山錦 山田錦	山形縣	出羽之里 出羽燦燦 羽州譽 改良信交 亀粋 京之華 五百萬石 豊國 龍之落子 酒未來
秋田縣	秋之精 吟之精 秋田酒小町 美山錦 改良信交錦		

滋賀縣	吟吹雪 玉栄 山田錦 滋賀渡船6號	兵庫縣	山田錦 山田穗 但馬強力 辦慶 早大關 愛山 古之舞 五百萬石 白菊 新山田穗1號
京都府	祝 五百萬石 山田錦		
大阪府	雄町 五百萬石 山田錦	和歌山縣	山田錦 五百萬石 玉栄
奈良縣	露葉風 山田錦		

岐阜縣	五百萬石 飛騨譽 飛系酒61號
静岡縣	五百萬石 譽富士 山田錦 若水
愛知縣	夢山水 若水 夢吟香
三重縣	伊勢錦 神之穗 五百萬石 山田錦

茨城縣	日立錦 五百萬石 渡船 美山錦	埼玉縣	酒武蔵
栃木縣	五百萬石 栃木酒14 人心地 玉栄 美山錦 山田錦 若水	千葉縣	五百萬石 総之舞
		神奈川縣	若水 山田錦
		群馬縣	五百萬石 舞風 若水 改良信交 酒光

性，在日本釀酒業界被公認為頂級優等生。好的山田錦也是相當重視產區地質，以主產區的兵庫縣來說，吉川町、加東市東条町及社町為特A級產區，主要是因為該區的山坡地形與日照面，造成10℃以上的大溫差。另外，土地的養分（加東市與三木市的凝灰岩質地層所帶來的礦物質養分）及水質的有機物等條件都是山田錦所愛。

　　古米指的是最原始的野生品種酒米，通常稻丈高，約150公分上下，不易種植。為了降低種植的風險，減少對釀造不利的成分與能更加適應該產區的氣候，通常會藉由農業技術進行米的配種與改良。東北或較冷氣候區域的酒米，都有一個共通特色：耐寒。不同區域的酒米，有不同的特色。這就是產區的重要性。日

本酒不光只有吟釀與否的等級之分，日本酒的原料魅力如同葡萄酒般，哪個品種在哪個產區被哪個莊園所釀造，該年的天氣又是如何等，這些要素與產品的美味度絕對息息相關。

特水

一瓶日本酒裡約有80%是水。
在釀造過程中的用水量，是釀造米總重量的50倍之多。
水扮演非常重要的角色，酒造地層下需要剛好有好的水源通過且源源不絕，
所以不是有地有錢就能釀清酒。
日本有句話說：好的水源邊，一定有好吃的豆腐，與好喝的日本酒，的確如此。

日本的百大名水沿岸，幾乎都有著名的酒造。或許以水選酒也是不錯的方式。而硬水軟水的差異，在於礦物質的含量多寡。硬水的鈣與鎂等礦物質含量多，軟水則含量少。在沒有特別留意的情況下，我們不太會注意到水的軟硬度差別。以我熟悉的料理面來解釋，軟水與硬水會改變我們的飲食文化。當我們想到法國料理，多半聯想到加入大量紅酒的烹調法，蔬菜多以蒸或烤的方式保留美味，料理多以鮮奶油做收尾，主因就是法國的水為高硬度水，高含量的礦物質，導致烹調時蛋白質硬化，食材本身的美味無法釋出。

反觀日本料理卻非常重視以水為主體的高湯烹調，享受食材的鮮甜美味為優先考量。主因就是軟水性質，礦物質含量少，食材本身的甜味不易被阻擾，容易自然釋出。日本屬於窄長形的島嶼國家，地質多山脈，雨水與雪水滲透入地層到湧出水源的距離短，可吸收地質融解的礦物質時間短，諸多火山地層本身的礦物質含量也較少，因此日本的水質多數是屬於軟水系。

水的軟硬度影響酒感

在釀造史裡，重視水質始於江戶後期。山邑太左衛門在兵庫縣的魚崎與西宮各有酒造，但老是覺得西宮釀出來的酒質，比魚崎來的好且穩定，於是吩咐負責魚崎釀造的杜氏（釀酒師）要向西宮釀出來的酒質看齊。杜氏換了道具，改了手法，酒質因此還是無法與西宮並齊。山邑太左衛門君決定將西宮的釀造用水搬運至魚崎使用，酒質大舉躍進。這讓釀造界理解了水質的重要性，也再次確認西宮的水質適合於釀造，而造就釀造名水「灘之宮水」。

礦物質含量較多的灘之宮水，釀造出來的酒有厚實、銳利與辛口的表現，似男子漢般。而在京都伏見的御香水水質礦物質含量少，釀出來的酒質輕柔、甘甜，似溫柔的女性般。所以當我們品嘗到一款服貼於舌面的柔順日本酒，可以稱它為女酒。或當我們去清酒吧，想來杯較俐落有個性的酒款，也可詢問是否有不錯的男酒可推薦。

軟硬水的料理適用原則

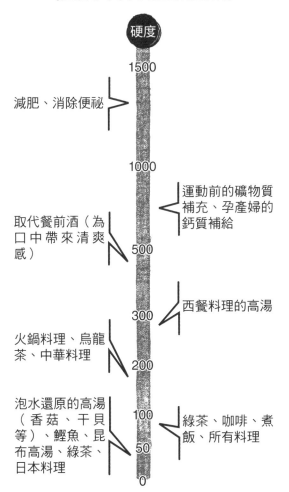

釀造用水軟硬度分類表

水的軟硬度	日本釀造用水採德國硬度（單位dh）
軟水	＜3
中軟水	3～6
輕硬水	6～8
中硬水	8～14
硬水	14～20
高硬水	＞20

日本酒的釀造用水軟硬度採用德國硬度計算法，軟硬分得較細。

釀酒過程

日本酒的釀造過程左右了酒質的味道表現，
複雜的過程考驗著藏人們的技術，
也琢磨著與微生物間的對談技巧。

1. 精米：

米本身含有會產生雜質與影響香氣的成分，如脂質與蛋白質。由於這些成分大多分布在米粒的外圍，可藉由研磨削去不必要的成分，削除後所剩的比例就是精米步合。例如：研磨掉外層20%，剩下80%稱為精米步合80%。

2. 洗米：

經由洗淨的過程，將精米後殘留在米粒上的米粉末清除乾淨，同時也讓米粒吸取適當的水分。

3. 蒸米：

以蒸氣的方式將生米蒸熟，通常需要40～60分鐘，目標為蒸出外硬內軟有彈性的熟米。

4. 製麴：

由於酒精發酵需要糖質做轉換，米本身屬於澱粉，需要藉由麴菌的力量，在製麴的階段，附著在米粒上並延伸菌絲到達米粒的中心，將澱粉轉換成糖，這個過程稱為製麴。

5. 製酒母：

這個過程會添加麴米、掛米（蒸熟米）、水、酵母及乳酸，主要目的在培養出強壯、健康及大量的酵母，以確保後續發酵過程順利。

6. 製醪：

這個階段為酒精產生的重要環節。日本酒的酵母菌雖在微生物界裡屬於弱者，但它有耐酸的本領。為了安全的釀造考量，會先以酒母作為桶內的基底（約占6%），以四天分三次，每次投入掛米、麴米與水，以確保酵母的健康，進行酒精轉換的發酵作業。

7. 搾酒（上槽）：

將發酵完畢的液體，進行瀝出的動作，透過棉質的酒袋壓搾，能將液體與發酵桶內所剩餘的米粒糊作分離。液體稱為清酒，而米糊經壓搾，呈現板狀的部分稱為酒粕。

8. 火入之一：

由於液體內還含有許多會持續工作的酵母菌與活躍的微生物，可經由65℃左右的熱水做低溫加熱殺菌法（如同巴斯德氏殺菌法），停止酵素活動。

9. 貯藏存放：

存放目的是讓酒精的分子，與水的分子結合，讓酒質更為滑順，酒體更為圓潤。大多分為槽儲藏與瓶儲藏兩種。

10. 裝瓶：

將酒裝入瓶內作出貨前的準備。

11. 火入之二：

第二次的低熱溫殺菌法，再次確保停止酵素的活動，可在裝瓶前或裝瓶後進行，以穩定酒質。

12. 日本酒（完成）

品飲方式

品飲在酒精飲料文化上扮演相當重要的角色。
威士忌、葡萄酒、啤酒、中國白酒、日本酒等，
都有各自品飲的方式與杯器，
也有各自的Tasting Note。
然而品飲這字眼總是讓人覺得太專業，
好像不是專業人員就沒辦法
在大眾場合發表自己的看法與感想，
這點我有著不同的看法。
雖然很多酒依然透過專業品飲來決定價值，
但這檔事，就讓專業的人來做吧！
我們品的，可是愉悅的時光啊！

身為一般消費者，品的是「喜好、合不合胃口」。喝酒就是要開心。喝下肚的是自己，付錢的也是自己，了解自己的喜愛才是最重要的，畢竟愉悅與放鬆心情是喝酒的最大目的。對我個人來說，品飲的目的除了判斷酒質有無損壞，最重要的，還是在於找出酒的特徵。沒有所謂的好酒壞酒，只有每個人的喜愛區別。所以我常開玩笑說：品飲不是用來了解酒，而是用來更了解自己。

在日本酒的文化裡，將品酒稱為「喇酒」（Kikizake），古時也稱為聞き酒（Kikizake）。有一則有趣的由來是說，以前負責品飲大多指酒造的杜氏（釀酒師），在釀造階段，發酵產生的二氧化碳會產生氣泡，隨著不同階段，氣泡的大小變化與速度，會有不同的啵啵…啵…啵啵啵聲響，發酵的聲音，在寧靜的夜裡，彷彿與杜氏對談。但在諸多的古文紀載裡，香氣的形容，是用鼻子來「聞」的由來一說居多，而觀看酒的色調與用口來品飲，慢慢的聞酒（Kikizake），轉換成有相同發音與意思並帶有敏銳之意的「利」字（Kiki），而因用嘴巴（口）品飲，故再將「利」字邊加個口部，就

成了喇酒（Kikizake）。

適合品飲的酒杯

個人推薦使用標準的ISO葡萄酒杯，或較寬口徑的蛇目杯，給酒一個最公平的表現。或許很多人都會對日本酒用葡萄酒杯品飲產生疑問，如果今天是用傳統的日本酒杯小豬口來品葡萄酒，相信許多人會同意這樣的選擇是無法表現出優異香氣的。

日本酒的品飲順序

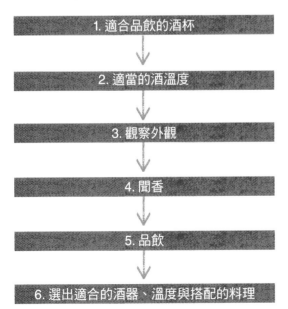

1. 適合品飲的酒杯

2. 適當的酒溫度

3. 觀察外觀

4. 聞香

5. 品飲

6. 選出適合的酒器、溫度與搭配的料理

現代品飲標準——ISO杯

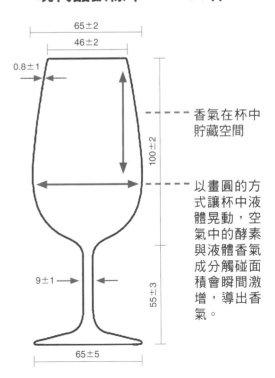

65±2
46±2
0.8±1
100±2
9±1
55±3
65±5

香氣在杯中貯藏空間

以畫圓的方式讓杯中液體晃動，空氣中的酵素與液體香氣成分觸碰面積會瞬間激增，導出香氣。

適當的品飲溫度：15℃

品飲溫度是日本酒的重要魅力之一，相較於其他酒類，日本酒有相當寬廣的品飲溫度帶，從5℃到55℃，以5℃為間距，每個都有專屬的名稱。在日本也有經過認證的爛酒師，爛的日文發音為Kan，指的是將酒加熱的動作。適當的品酒溫度，推薦在15℃上下。溫度過冰，香氣會被封鎖住；溫度過高，香氣揮發快，這時也會感到酒精的香氣較明顯。

對一般消費者而言，或許最想知道什麼樣的酒需要溫飲，什麼樣的酒需要冷飲。在這我還是比較注重我們自己喜歡什麼樣的味道表現，再依據溫度會產生的變化特性來做調整。這種多元性的表現，正是日本酒的有趣魅力，雖然有些酒造在酒標上會特別推薦試飲溫度，來表現出酒藏最希望讓消費者感受到的特質。但味道的表現其實跟料理一樣相當主觀，沒有所謂的大吟釀酒，就不能熱的規定。了解自己的喜愛，再做適當的調整才是王道。

各溫度帶的名稱，與正確的溫度

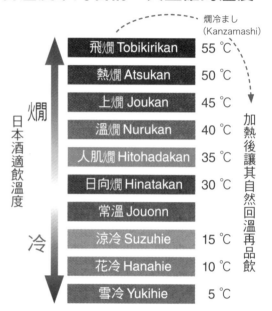

日本酒適飲溫度	爛	飛爛 Tobikirikan	55℃
		熱爛 Atsukan	50℃
		上爛 Joukan	45℃
		溫爛 Nurukan	40℃
		人肌爛 Hitohadakan	35℃
		日向爛 Hinatakan	30℃
	冷	常溫 Jouonn	
		涼冷 Suzuhie	15℃
		花冷 Hanahie	10℃
		雪冷 Yukihie	5℃

爛冷まし（Kanzamashi）
加熱後讓其自然回溫再品飲

溫度對香氣表現的影響

溫度越低	香氣成分	溫度越高
較銳利。雜味降低	整體香氣表現	味道要素擴散。失去清爽感
感覺較弱，清爽感增加	甜味香氣	擴散開。黏稠度增高
清爽感增加	酸味香氣	軟化，膨脹感增加
刺激性增加	苦味香氣	軟化，厚重感增加
表現較銳利	酒精香氣	揮發性高

溫度對味道表現的影響

溫度越低	味道成分	溫度越高
較弱。清爽感增加	甜味	擴散開。甜味較明顯
清爽感增加，較銳利	酸味	軟化，膨脹感增加
刺激性增加，較銳利	苦味	軟化，厚重感增加
較銳利，收斂感	澀味	軟化，擴張感較明顯
較低	旨味	旨味提升，較明顯
各味道表現較銳利感	酒體	加熱時促進熟成，酒體圓潤度及飽滿度提升

觀察外觀

外觀的觀察，就是看酒的色調與黏稠度。色調提供釀造過程差異的線索，杯座以畫小圓的方式，讓杯內液體順時鐘或逆時鐘繞著杯壁旋轉，杯壁內側流下一根根似溪流般的液體，稱為腳或是淚滴。黏稠度提供酒精濃度高低的參考值，或是酒體飽滿與否的參考線索。液體留下的速度越慢，或越呈現黏稠，可能代表酒精濃度偏高或是酒體的飽滿度、甜度或旨味表現較明顯。這比喻如同一杯水與一杯糖水，來做淚滴的比較，糖水的淚滴，一定比水來的黏稠。但酒這門學問深，喝了才算數，這只是讓我們觀察的一種方法。

聞香

聞香可分成兩階段。一個稱為上立香，在液體呈現靜態時，鼻腔離杯口約20公分所嗅到的香氣。第二個則是酒杯以畫圓的方式讓杯內

液體晃動，空氣中的酸素與液體香氣成分觸碰面積，會瞬間激增產生的香氣表現。可能有花香、果香、原物料香、草本香氣，或是只聞到單純的酒精香氣，這個步驟就能讓你更容易了解自己偏愛的香氣，與不愛的香氣。

品飲

將約10～15ml的液體送入口中，以微吸氣的方式，利用空氣讓液體在舌面上有充足的翻動，讓舌頭的整面去感受酒質，分析在味蕾上的味道表現，再將酒吐出。甜味的表現、酸味的表現、圓滑的表現、強烈的表現、或是順口的表現，甚至這我愛喝等等，都是一種品飲的表現方式。而殘留在口腔中的味道我們稱它為餘韻，有些酒質會呈現出悠長的回甘餘韻，而有些酒質只留下短暫的酒精感。在品飲時，我們也可以試著去注重由口吸進的空氣，再由鼻腔來吐氣時，由鼻腔中的嗅囊，所給予的香氣表現。這香氣我們稱為含香，可以嗅到酒質細部的香氣表現。

歸納出適合的酒器與適飲溫度

經由品飲的步驟，我們大致可以了解酒的特徵，與本身是否喜愛這支酒款。如果愛，恭喜你，你更加了解自己。如不愛，也請等等。因為日本酒的魅力除了香氣酒體外，還有多元的酒器文化，與品飲溫度帶的寬廣特質。運用一些簡單的知識，或許還有機會讓你對這支酒改觀。

日本酒的
香氣與色調

當感受到日本酒散發出近似哈密瓜的果香，
不禁令人懷疑酒中是否加入了哈密瓜；
以米為原料的日本酒，又該呈現出何種色澤？
答案，就存在於肉眼看不到的微生物中。

日本酒的香氣由來

有些日本酒可以聞到似哈密瓜的香氣,是因為有泡哈密瓜的關係嗎?在一些日本酒的香氣裡,多半指吟釀或大吟釀酒,會有類似哈密瓜、香蕉、蘋果、蜜桃、水仙等不可思議的香氣表現。這些香氣其實來自於低溫發酵時,酵母產生的芳香化合物,特別是己酸乙酯,有著類似蘋果、水梨般的香氣,以及乙酸異戊酯,有著類似香蕉或哈密瓜般的香氣。這為吟釀香的兩大主體,除了這兩個較為熟悉的香氣成分外,尚有類似玫瑰、康乃馨、橙花的苯乙醇,與其他約100種的香氣成分表現。

要激發酵母產生這樣的香氣成分,除了選擇酵母的品種外,在釀造時去欺負酵母(虐め),施予壓力是很重要的。我常覺得日本社會相當受壓抑,工作上,上級所給予部屬的壓力與期待,是一般人無法想像的,但也因為這些壓力,激發出各種的可能性。我也曾在日本工作了一段時間,用欺負(虐め)這詞,雖然感覺負面,但在字面的背後,是有著望子成龍的心態。其實酵母本身不太喜歡低溫,而酵母產生的香氣,卻是因為釀造所給予的低溫環境,讓酵母不得不適應溫度,產生可以保護自己耐低溫的元素。在這過程中,因為低溫而展現出香氣成分的表現,有些酵母也會因為低溫的欺負,產生銳利的酸味表現,這也就是吟釀香的產生過程。

日本酒的色調意義

日本酒到底是什麼顏色?昭和後期的日本酒,多半以透明色調代表酒的美味感,與潔淨的象徵,此外,在每年重要的全國新酒鑑評會中,透明色調為基本的評分底線,或許是讓一般消費者普遍認為日本酒應該是無色透明的主要原因。但日本酒的原色其實是帶點黃色與微綠的色調。主要是因為原料米、米麴與酵母經由釀造過程產生的胺基酸與葡萄糖,所反映出的本色色調,另外,稀有的高價古酒則呈現琥珀色。一般酒會變成透明色,是靠活性碳來做脫色的動作,古時則在酒液體裡放入炭來吸色,也可以去除酒質裡較不好的味道,但相對的,好的味道也會一併被去除,而有了俗稱「無個性化」的商品之稱。

現在,隨著釀造技術的發達,越來越多酒

造希望透過商品傳達自家風格，能呈現出原汁原味的商品，所以選擇不使用或只添加少量的活性碳做過濾。慢慢的，以前被認為是品質不好的淡黃色色調，演變成代表酒質特色或是酒造信心之作的色調。一般消費者或許常會因此產生誤解，因為當日本酒遇到光害或高溫產生劣化時，也會讓酒質呈現黃色色調。

想要分辨與避免上述情形，建議可以這麼判斷：當酒標上寫有「古酒」或「〇〇年祕藏酒」時，基本色調通常呈現淡到濃的琥珀色色調；一般的生酒、新酒、無濾過酒同樣也會帶點微黃色色調。香氣表現上除了原物料的米產生的香氣，也有奔放如花果般的香氣類型。

至於劣化酒，除非是在酒標上所標示的出瓶日期經過多年後才開瓶，且沒有在適當溫度下保存，已經成為自家熟成的商品外，否則只依照顏色想辨別酒質優劣確實有些困難。不過若是酒標上沒有「無濾過」、「生酒」或「新酒」等字樣，大多酒款多半呈現無色透明狀態。如果倒出時微帶黃色，這時我們就需要特別注意。釀造法規並沒有強制規定酒造需要標示釀造法，所以無法百分之百的斷定是沒經過脫色處理的信心之作還是劣化商品，這是比較困難的地方。劣化酒與剛剛所提的無濾過酒色調相近，唯一比較明顯的不同，是在香氣上帶點如同焦味般的香氣，有些則是在味道上呈現較刺酸或不舒服的表現。因此結論就是，日本酒的原色是微帶黃色的色調，經活性碳過濾後會呈現透明色，在善加保存的前提下，依釀造的方式不同，也可能出現不是透明色調的酒款，所以微帶黃色調並不一定代表酒質劣化，劣化的酒也並非不能飲用，只是非酒造期望提供給消費者的味道品質。酒質的劣化與否，是需要經由品飲才能做出判斷。

常用的釀造酵母種類與特色

協會6號（新政酵母）	發酵力強，清澈穩健的香氣。
協會7號（真澄酵母）	香氣芳香，發酵力強。
協會9號（熊本酵母）	華麗香氣，酸味表現比7號弱，適合吟釀類別，屬於最廣泛運用的吟釀酵母。
協會10號	吟釀香氣高，酸味低。
協會11號	生命力強，蘋果酸含量高。
協會12號（浦霞酵母、宮城酵母）	香氣高，低溫發酵效能強，酒質優秀。
協會13號	結合9號與10號酵母的特徵，酸味低，吟釀香高。
協會14號	又稱金澤酵母，酸味低，潔淨酒質，香氣穩健。
無泡沫酵母（協會701號，901號，1001號）	分別由7、9、10號酵母為原體所研發出相同特性且發酵時泡沫少，能有效提升發酵桶內的酒質產量。
無泡沫酵母（協會1801號）	發酵力強，酸味低，吟釀香高。
靜岡酵母	酸味低，吟釀香高。
秋田流華酵母	酸味低，吟釀香高。
長野阿爾卑斯酵母	產出高量的己酸乙酯，味道收尾乾淨且吟釀香優秀。
Abelia酵母（花酵母）	吟釀香氣優秀。

日本酒的保存

日本酒的酒體細緻，
類型不同的酒款個性亦有所差異，
適當的保存條件，最能呈現與日本同步的美味。

保存期限的意義

日本酒可以放多久?這個議題一直都有許多爭議。日本酒屬於高酒精濃度的釀造酒款,在有酒精殺菌作用的情況下,雖沒有腐敗的問題,但是我們需要了解酒造所想表達的賞味期限。在日本的日本酒酒標法規中,只有需要標示製造日期的規定,但這製造日期跟我們一般認知的不同。酒標上的日期,指的是釀造完畢後,以新鮮或是經過時間熟成後,準備好出貨給消費者的裝瓶日期,這與我們對同樣是釀造酒的葡萄酒製造日期標示定義有所不同。

葡萄酒標示年分→該酒款釀造年→由消費者判斷適飲期,可直接品飲該年的新鮮酒感或存放數年後開瓶,期待經由熟成所變化出的適飲期。

日本酒標示日期→該酒款出貨裝瓶日期→由酒造判斷適飲期,在最佳的狀態裝瓶出貨(有可能已在酒造內經過一兩年甚至更長的熟成期),直接傳達零時差的美味給消費者。

賞味期限的意義

日本酒的賞味期限可以這樣解釋,在賞味期限內,品飲時的香氣與味道,正是酒造最想表達的。超過了賞味期限,香氣與味道有可能會偏離酒造想表達的設定。賞味期限到底是多久呢?一般以兩大類酒款區分賞味期限。一類為有經過低溫殺菌(火入)酒款,一般賞味期限約為一年前後。另外一類為沒經過低溫加熱殺菌酒款(生酒),一般賞味期限約為半年內,日文酒標上通常會有註明生酒、本生兩字。但是這些期限都需要在適當的保存管理與未開栓下才成立,也就是低溫儲藏與避光。

清酒的日期標示

　　構成日本酒的香氣與味道表現來自於胺基酸、蛋白質（酵母）、糖分與其他微生物，這些微生物在瓶內會產生化學反應，俗稱熟成。當達到一定的臨界點，香氣與味道上的表現就會產生變化，多數會產生似焦香、紹興、堅果或漬物的香氣，這類變化將與酒造想表達的風味不同，所以稱為劣化。使用劣化一詞看似負面，但我一直強調味覺是相當主觀的，也有可能經過熟成變化出你所喜愛的味道也不一定，這也是日本酒的趣味所在。

　　若因酒的劣化，導致我們對此酒款的評價不高時，可以將剩餘的酒用於烹調上，或泡澡時加入約500ml清酒，有加速代謝排汗的效果。而沒有經過低溫加熱殺菌酒款所訴求的是新鮮感，酒在無殺菌的情況下所含的微生物數量較多，瓶內的化學反應也會較快。尤其是稱為火落菌的一種乳酸菌種會讓酒色變濁，汙染酒質。這也是生酒類別的酒款，在賞味期上都會比有經過低溫殺菌的酒款來的短上許多。

保存管理的重要性

　　日本酒是一種非常細緻的釀造酒款，隨著日本酒個性化的呈現，酒標上標示無濾過酒或生酒酒款，代表著酒質裡眾多微生物酵素是持續在活動著，高溫會讓酵素工作加快，而有了熟成過頭的問題，這屬於高溫劣化。而紫外線照射，尤其是透明瓶身的酒款，在陽光下約40分鐘，馬上會有明顯的色調變黃與味道劣化，這稱為光害劣化。低溫與避光相當重要，因為紫外線與高溫會促使化學反應速度加快，劣化

要享受酒的香氣與美味，一定要做好保存管理。

的時間點，也將會比預定的賞味期限更提早到來。使用劣化的字眼，是因為酒沒有壞掉不能喝的問題（我也曾試過雖是劣化，但自己覺得相當美味的酒款），只有跟酒造設定希望提供給消費者的味道是否相同的問題。

尤其是在海外，商品經由船運或空運的隔海運送，再經由代理商、經銷商、賣店之後，才到我們手中，當然，大多數的代理商，在運送過程都會很注意溫度的控管，只是相較於日本，會造成劣化的要素較多，身為海外消費者，需要更加的小心。比較保守的我，建議當我們將酒買回家，無論酒的等級如何都包上報紙避光，並放置於約5～10℃的冷藏設備中儲存，降低光害與溫度劣化的風險。許多人去一趟日本一定會買些稀有且高價的日本酒回來，覺得不放在客廳展示一下很可惜，但是一放就一年半載，我想酒很有可能已經自家熟成，將酒倒出來有可能已帶有些香菇味，或是變成焦味並呈黃色的劣化酒。

透過海外與日本境內的一般銷售流程，我們可以瞭解出口海外的日本酒流程，比境內來的複雜，影響瓶內劣化要素的風險升高，這也是為什麼在海外的保存管理，應比日本境內更加謹慎，也間接了解為何在日本賣場許多日本酒並無冷藏保存，但在海外卻需要冷藏保存的原因。

自家熟成

或許許多人對於自家熟成有興趣，確實我自己本身也會偶爾嘗試。但是自家熟成純粹屬於個人對酒的變化，所做的研究行為，並非熟成必有美味的結果。如果真想要研究自家熟成，首先我會建議要有一台專門放置日本酒的冷藏設備，好比葡萄酒收藏家不會將酒大喇喇的放在客廳開放空間保存一樣的道理。入庫的日本酒都包上報紙避光，溫控建議在0～3℃之間（或是依照酒廠的推薦儲存溫度），至於何時能開栓品飲，只能透過開瓶並且品飲，才知道酒的變化程度，以及是否符合自己的喜愛。

同一款酒會建議多瓶購入以方便測試。對我而言，這是一翻兩瞪眼的結果。酒體變的圓潤且多層次，或是延伸出類似紹興酒的風味。我個人在選擇自家熟成酒作測試時，純米酒系，米的品種與對該酒造的了解，是我會考慮的要素。話說回來，日本酒的特色，在於酒造會以最好的酒質狀態，做出貨日期的選定，這代表很有可能買到的酒款，已經經過酒造1年或甚至3年以上的熟成，與其像我一樣喜愛自家練功，還不如趁著推薦的品飲期間多喝一點。

日本境內與海外的日本酒銷售流程

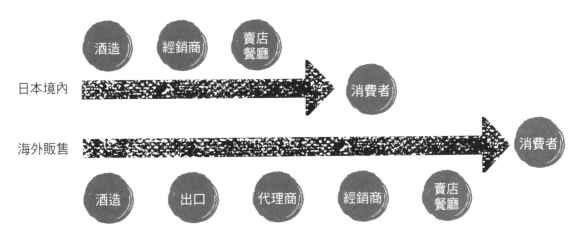

品飲器皿

同樣一款日本酒在不同的酒器裡，會表現出截然不同的風味。
了解酒器因形體所產生的物理變化，
以及搭配地方酒器文化，能讓日本酒的美味更上一層樓。

　　酒器可以分成兩個方向來探討，杯型與材質。杯型有高有矮有寬也有窄，首先依據香氣去做簡單的選擇判斷。依據我們品飲過後的特徵，如果是我們所喜愛的香氣表現，可以選擇較寬口徑的杯型，如喇叭杯型、葡萄酒杯型、大蛇目杯等，主要的用意是讓液體接觸空氣面較寬廣，香氣在杯裡的貯藏空間也較充足，品飲時，香氣成分能較容易的表現出來。另一個理由很簡單，寬口杯讓鼻腔方便我們做聞香的動作。相反的，如果選用小口徑的一口杯，光用鼻腔去聞香氣就很困難，更別談要去享受它的香氣表現。所以，如果品飲過後的酒款，是我們不喜歡的香氣表現，可以選擇口徑較小，香氣表現較弱的杯型，多注重在味道上的表現而非香氣。

杯型

　　杯型的口徑大小，也是影響味道表現的重要因素。當我們的嘴去觸碰寬口徑的杯型，嘴巴會自然向左右兩側延展，有點像發出日文拼音「へ（嘿）」的嘴形。這時液體向嘴內側送，會容易向我們對酸味較敏感的舌面兩側送，酸味的表現會較明顯。口徑較窄的杯型剛好相反，飲用時嘴形會呈現日文發音「う（嗚）」的感覺，這時舌面會些許的向口腔下放，飲用的液體容易直接送到舌根，避開兩側的酸味敏感區。但由於舌根的味覺，是對苦味較敏感的區塊，辛口（酒精感）感會表現的較明顯。而就直筒杯型，液體送入口腔時，直線的杯壁，讓酒體的滑行速度較快，杯體與口腔

放，液體入口時，能迅速由舌尖流向舌根，味道表現上會較銳利。而滑面材質與粗面材質的差異，則是在液體流入口腔時的速度，滑面速度快，清爽與銳利感增加，粗面速度較慢，味道表現層面較寬廣。

材質

材質的種類上有玻璃、漆器、瓷器、燒窯及金屬等，在視覺上會呈現清涼或穩健等不同印象感。透明材質（玻璃、水晶）、金屬（錫）呈現出清涼感的表現。燒窯、漆器、陶瓷呈現出溫暖與厚實的感覺。金屬與陶瓷給予導熱與保溫的效果。我不否認杯器所表現出的視覺印象感是重要的，但這多半是腦波所給予的記憶感受，多少會在品飲前有先入為主的情況，燒窯酒器展現出沉與穩的美感，陶瓷展現出素雅到華麗的多變風情，漆器代表著傳統美，而玻璃的江戶切子杯到哨子杯則展現出銳利感。當看到粉色的玻璃江戶切子酒器，表現出如春季的清涼輕盈感，或多或少會讓我們在品飲前對酒質有如印象感相同的期望，因此，選擇酒器材質也是一門學問。

呈現一直線，酒體較容易直接送入舌面後段，如果選擇輕酒體，會讓人容易在入喉處感受到舒暢感。當我們希望能多表現或抑制酒體的酸味和辛口感時，便能利用杯型來調整。

再來說說杯口的厚薄度。厚杯緣的杯型觸碰到唇面時，上唇與下唇會有包覆杯口的習慣，受到上唇向前包覆的影響，舌面會自然向下顎垂下，當液體進入口腔，舌面可以充分去感受味道的表現，因此適合用於帶旨味的酒款。薄杯緣的酒器觸碰唇面的面積小，神經分散注意力少，舌面不會如遇到厚杯緣般的向下

近年來流行的金屬酒器為錫製酒器，據說有殺菌功效，是古代君王愛用的酒器材質，錫除了稀有所表現出的價值感外，保溫與保冷效果佳，也有讓酒質呈現較圓滑的作用。簡單的試驗：將同一款冷酒倒入冰鎮的玻璃酒壺與冰鎮的錫製酒壺中，待約1分鐘後倒入杯中品飲，透過錫壺的酒質，很明顯呈現較黏稠與較滑順的酒感。

影響香氣與味道的變化要素

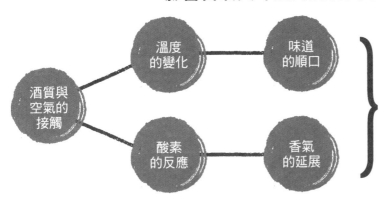

酒質與空氣的接觸 — 溫度的變化 — 味道的順口

酒質與空氣的接觸 — 酸素的反應 — 香氣的延展

需注意酒器的表面積、寬窄度、材質與杯器的深度。依據物理與化學反應,選擇適合的酒器。

日本傳統的酒器文化

1. 呼應季節選擇樣式

春　夏　秋　冬

2. 選擇地方工藝名品

地區	器具特性	適合表現的酒質
石川縣九谷燒	以綠、黃、紫、藍、紅等色調,呈現出絢爛豪華的彩繪風格。	華麗
滋賀縣信樂燒	樸實卻具內涵感,主體為紅褐色帶綠與黃色自然釉。	飽滿厚實
歧阜縣美濃燒	色彩豐富,其中又以刻意扭曲而產生不對稱美的「織部」為代表。	輕盈或厚實
愛知縣常滑燒	將海藻覆蓋於器具上燒出的火色藻掛,與田土燒製的朱泥急須為代表。	滑順
岡山縣備前燒	不使用釉藥,依據灰燼自然的飄落,產生自然的圖案。	飽滿厚實
佐賀縣唐津燒	以灰釉、長石釉及鐵釉的組合人工呼吸,其中又以「斑唐津」最珍貴。	飽滿厚實
山口縣荻燒	由於泥土與釉藥的收縮率不同,主和「貫入」的龜裂而有荻之土變化特徵。	飽滿厚實
佐賀縣有田燒	從樸實繪畫的「初期伊萬里」到顏色深沉的「古九谷燒」與夜半金色圖樣的「古伊萬里」樣式都有。	華麗或清爽

日本酒器相當多元，許多酒器都代表著地方性的文化，如有一百萬石城之稱的金澤，有著代表華麗感的九谷燒，也有將海藻覆蓋於器具（素坯）上，燒結後產生火色「藻掛」的愛知縣常滑燒，還有代表長野山區文化的岩魚德利，代表北海道與三陸地方海岸文化產的花枝德利，也有倒出酒會有似鳥叫聲的笛德利（鶯德利）。其他像是岡山縣的備前燒及山口縣的萩燒等，多元的地方特色酒器，加上該產區的酒款與料理結合後，就構成了我們常說的地酒文化。

酒器形體

日本酒器百百種，有趣味，有文化，這是日本酒的魅力。在眾多酒器文化上，我先列舉四個常聽到的酒器形體來做介紹：德利、盃、豬口、ぐい吞み。德利為目前最常看到的倒酒容器，壺身寬、頸部窄。在裝酒普及化前，多半是用來裝醬油及醋的容器。名稱的由來眾說紛紜，有倒出液體時，會有TokuToku聲音的說法；也有酒裝入德利後，看起來比實際容量還多的划算（Toku）的說法，但最可信的說法為，由日文中形容深瓶子的詞彙「雲具理」的發音轉變而來，雖無正解，但諸多的傳說也增添了不少趣味。

「盃」字的原由來自於「杯」，在日文中的發音也相同。盃的種類相當多，有漆器、木製、陶瓷、玻璃等，形狀似淺的圓盤，多半都有腳台。從一般在家品飲到婚禮祭神都會常見到的杯型。有人覺得形似是盤子，但就如其名，「盃」仍屬於「杯」，而非「皿」。豬口通常指杯口寬杯底窄的小容量酒盃，多半適合一口或兩口喝完的容量酒杯。由於容量較小，適用於需要精密溫度控溫的酒款。「ぐい吞み」在這裡我稱它為吞杯，形體與豬口相似，但容量比豬口來的大，適用於可以享受溫度變化的酒款，或是屬於在家的日常品飲酒器，可以倒的量比較多。

酒器選擇的基本概念

香氣

討喜的香氣		較不討喜的香氣		
喇叭杯型	葡萄酒杯型	壺狀杯型圖	直筒杯型圖	開口杯型圖

溫度敏感度

敏感		享受不同溫度帶的表現
有腳的杯型	少容量的杯型	容量較大的杯型

強調

甘味&旨味	酸味&清爽感	酒精感&舒暢感
厚質地	薄質地、寬口徑、直筒型	薄質地、窄口徑

岩魚德利壺：將整隻溪魚或溪魚骨烤熟微帶焦面後，泡入岩魚德利溫酒中，讓酒質散發出微焦香與微油脂的特有山區品飲文化。

笛德利：在酒壺上的小孔，運用倒酒時所產生的空氣對流，發出似鳥叫聲的有趣酒器。

輕鬆讀懂酒標

酒標，就像是日本酒的履歷，
每個詞彙都代表著酒造的期許和執著。
透過酒標能傳遞商品的特徵，
是選購日本酒時的重要線索。

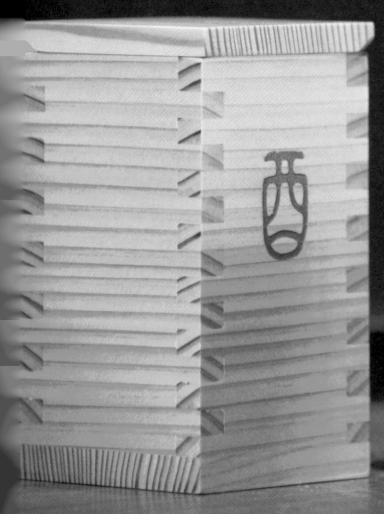

日本酒的酒標，是個外行人看不懂、內行人卻覺得有趣的資訊匯集處。基本上，日本酒的酒標資訊，分成兩個類別：1.釀造法，2.以「酒稅法」或「酒類業組合法」等相關標示法規所規定必須標示的資訊。我個人覺得日本人很可愛。如果大家的釀造法，都以最一般的標準方式釀造，酒標並不會標示太多的釀造資訊。但如果跟標準的釀造法有些不同，大多的酒造都會在選擇在酒標上註明。於是，就出現一個有趣的現象，如果每個階段的釀造法，都屬於較特別的，酒標上的品名，可能就會出現長達十幾個字才會唸完的狀況。不懂的人會覺得這字太多，懂得人會覺得這是判斷與瞭解這支酒特質的重要線索。無論如何，酒標上的資訊，都是酒造最希望傳達給消費者的訊息。

特定名稱酒與普通酒

特定名稱酒是依據酒稅的確保，與酒類業組合的相關法律。例如大吟釀、純米吟釀、本釀造等。因為遵守規定才有資格放上特定名稱，通常有特定名稱的酒款價位會比較高。但並不代表沒有特定名稱的酒款，就是屬於不好的酒款。舉例來說，近年也有酒造採用原料屬於一般在認知上較差等級的「等外米」（等級以外的酒米），因此在規定上不能掛上特定名稱，在酒標上自然就找不到任何類似吟釀字眼的等級敘述。但近年來釀造技術優越，許多好酒在跳脫特定名稱酒的規範下釀造，雖沒有特定名稱的加持，還是能有美酒的表現。或許幾年後也會有許多跳脫特定名稱束縛的美味酒一一上市。此外，沒有依照特定名稱酒的規範則稱為普通酒，在海外比較少見普通酒的流通。但在日本，普通酒的銷量卻佔市場的七成左右，為主要的銷售市場。

特定名稱酒主要分為純米酒類與本釀造類。純米酒類表示釀造原料中沒有添加釀造酒精，本釀造類表示有添加規定內的釀造酒精。而精米步合的不同，會給予不同的特定名稱。一顆米削去一半（精米步合50%）以下，就是大吟釀等級，少削掉10%（精米步合60%）就是吟釀等級，這兩者都沒添加釀造酒精的話，名稱分別是純米大吟釀與純米吟釀。而純米酒等級的規範則沒有精米步合的規定，只要沒有添加釀造酒精，就算以糙米釀造，也可以稱它為純米酒。至於本釀造酒指有添加規定內的釀造酒精，而且精米步合必須在70%以下的酒款。另外，麴米的用量需占總用米量的15%以上，不符合以上條件的均稱為普通酒。

若在酒標上看到標示特別純米酒或特別本釀造的酒款時，這「特別」的意思指的是在同樣的酒款上，做有別於一貫的釀造工法或原料上的升級，基本條件可以有精米步合降至60%以下，或是在原料上做升級的動作，如原本採用總米量50%的山田錦米改變成原料全量100%的山田錦米，就符合標示「特別」的條件，但在酒標上須說明變更的事項。換成料理的語言來說，原本一間壽司店都採用當地的鮪魚做壽司，但今天採買的是日本大間的一本釣鮪魚，從原本的名稱「鮪魚壽司」（純米酒），可改名成「大間鮪魚壽司」（特別純米酒）。同樣都是鮪魚壽司，但有所不同。

酒標知識快問快答

Q. 精米步合40%（削去60%），只有用米、米麴、水為原料，屬於什麼特定名稱？
A. 純米大吟釀

Q. 精米步合20%（削去80%），只有用米、米麴、水為原料，但米等級為等外米，這種酒的類別為何？
A. 普通酒，因為特定名稱酒是需要米的級別為1～3級內。

Q. 酒標上找不到任何精米步合，也沒有特定名稱，是什麼酒？
A. 普通酒。

其他酒標上的常見文字

樽酒

主要是儲藏在杉製樽木桶中，帶有清涼芳香的特質。是杉木的香氣轉移至酒質內的日本酒類別，特別以奈良縣的吉野杉做成儲藏桶最出名。現在多數酒造採用對酒質不會有影響的不鏽鋼或琺瑯質儲酒槽，但在昭和初期以前，酒造都採用木質儲酒桶，因此，可以說在昭和初期之前，所有的酒都屬於樽酒。

斗瓶

又稱為雫酒、袋吊り。屬於上槽（搾酒）方式的一種，將搾出的日本酒，裝入斗瓶（18公升的特別容器）裡。袋吊與雫酒的意思相同，都是經由特別方式搾取的最高級品，不使用外力壓搾，讓酒呈現自然滴落。因擁有非常豐郁且華麗的香氣，在全國新酒鑑評會中屬於常得獎的類別，可說是吟釀酒類別的終極版。

杜氏

指揮所有相關釀造的總負責人。釀酒團隊裡的領導者稱為杜氏，各個地方的釀酒團隊，各有不同的名稱，例如：南部杜氏、越後杜氏、但馬杜氏等。各個流派有不同的釀造方針與風格。

生酒、生詰酒、生貯藏酒

屬於完全不同意思的三種酒款。日本酒通常為了穩定品質，都會進行兩次「火入」（低溫加熱殺菌作業）。完全不進行火入作業，稱為「生酒」。在瓶內酵素與微生物活躍的狀態下直接出貨販售，因為很容易受到溫度影響，在物流及保存控溫上都需要非常小心，在冷藏物流未普及化的時期，是需要到酒造才有辦法喝到生酒酒款。而在兩次火入（低溫加熱殺菌作業）中只進行第二次火入，稱為「生貯藏酒」，較多屬於可以豪爽飲用的輕盈酒感類別。在兩次火入中，只進行第一次火入的稱為「生詰酒」。大多在火入後會進行半年以上的熟成作業，再出貨販售。

濁酒（にごり酒）

充分表現出米特質的濁白色日本酒款。因為使用網目較大的布質酒袋進行過濾，會殘留一部分固體顆粒。以濾網瀝出（壓搾）的動作相當重要，根據酒稅法規定，未經由壓搾就無法稱為日本酒（清酒）。近年來，微濁白的酒款相當受到消費者青睞，外觀的濁白色澤感有時也會被稱為霞酒。

冷卸酒（冷やおろし）

或稱為「秋あがり」。經熟成而呈現圓滑酒質的秋季酒物語。春天釀造而成的日本酒經過一個夏季的熟成，當日本酒槽的溫度與戶外溫度約相同時（約在秋季），不經過火入作業直接裝瓶出貨，稱為冷卸酒（冷やおろし）。冷や（＝冷），おろし（＝出貨）為名稱的由來。熟成後有著深度的香味特色。從前的日本酒大多熟成半年後才出貨，因此每年的秋季為出貨期。現在這種酒款以季節特定商品的模式，在9～10月期間販售。

生酛

最傳統的日本酒釀造手法。運用自然界天然乳酸菌力量，排除雜菌，有效培育酵母（製酒母），在作業中有進行「山卸」（以木杵攪拌及搗碎酒米）作業。明治時代以前，酒母製造多半採用生酛釀造，現在則只剩1%採行此法。生酛酒質多半呈現有深度的酒感，適合溫飲，但近年來也有以清爽酸味伴隨著吟釀香呈現的冷飲作品。

山廢釀造（山廃仕込み）

由天然乳酸菌孕育出的濃醇口感。與「生酛」不同的是，「山廢釀造」沒有進行「山卸」（搗碎酒米）的作業。製造生酛釀造過程中的搗碎酒米作業，需要付出相當大的勞力，直到1909年在一項由「國立釀造試驗所」進行的實驗報告中，證實在製造酒母的作業中，無論有無進行搗碎酒米的動作，對結果並不會

有太大的差異，因而發表「山卸し作業是不需要」的推論。這個結論慢慢被多數的酒造接受，廢止「山卸」作業，就稱為「山廢」。

活性清酒

又稱為發泡性清酒。有以瓶內加入活性酵母作為二次發酵的類別，也有使用網目較大的濾布搾酒，讓活酵母入瓶，保持有二氧化碳在瓶內的酒體類別。此酒款普遍帶微甜的酒感，微帶白濁色，酒精濃度較低，十分受到女性的歡迎，可作為餐前酒酒款。

貴釀酒

屬於濃醇型的高級酒款。將一部分的釀造用水，以日本酒取代的釀造手法。一般是指在製醪的三段仕入法最後階段，以酒取代水加入酒槽內。此酒款濃郁甘甜，色澤大多呈現琥珀色調，非常適合搭配甜點。

古酒

又稱為長期熟成酒。在日本製酒業界裡，將該釀造年度生產的日本酒稱為新酒，前年度所釀的稱為古酒，或稱長期熟成酒。古酒的著名標示沒有一個明確的規範，但大多指3年、5年，甚至10年、15年的長期熟成酒，在市場上很受矚目。這些經過長時間熟成的酒款，酒質呈現琥珀色調，香味複雜且具深度，屬於高單價的高級酒款。

日本酒度

日本酒甘辛程度的數值標示，也屬於計量法的一種。原理取自於糖分含量高時比重較重的原理，以日本酒度計來做測量，水的比重為0，糖分多、比重重的顯示為負值，酒質呈現甘口（如-6）。而比重輕則是標示為正值，呈現辛口（如+10）。

酸度

日本酒酸含量的表示數值。日本酒內主要的有機酸類包括乳酸、蘋果酸及琥珀酸。標示的數字越高，酒感越濃醇，越感辛口，數字越低，酒感越淡麗，越感甘甜。

酒標解讀法

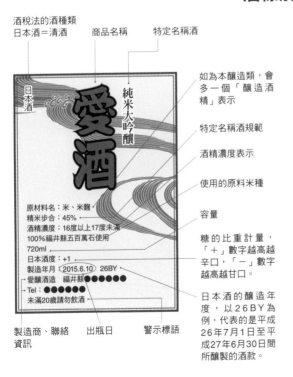

酒稅法的酒種類
日本酒＝清酒
商品名稱
特定名稱酒

日本酒

純米大吟釀

愛酒

原材料名：米、米麴
精米步合：45%
酒精濃度：16度以上17度未滿
100%福井縣五百萬石使用
720ml
日本酒度：+1
製造年月：2015.6.10　26BY
愛釀酒造　福井縣●●●●●●
Tel：●●●●●●
未滿20歲請勿飲酒

製造商、聯絡資訊
出瓶日
警示標語

如為本釀造類，會多一個「釀造酒精」表示

特定名稱酒規範

酒精濃度表示

使用的原料米種

容量

糖的比重計量，「＋」數字越高越辛口，「－」數字越高越甘口。

日本酒的釀造年度，以26BY為例，代表的是平成26年7月1日至平成27年6月30日間所釀製的酒款。

與生酛酒相同都屬於天然乳酸菌釀造，唯一不同之處在於生酛有攪拌、山廢則沒有進行攪拌的動作（山卸し）。

日本酒

純米大吟釀　無濾過　生　原酒

愛酒

山廢　中取

要冷藏

無濾過指的是不採用活性碳濾過的作業，通常酒質表現較具個性。

生酒指的是沒有經過低溫加熱殺菌的作業，由於較多的酵素還在活動，需要以低溫做保存管理。

酒在釀造完成時不添加、或只添加1%以內的水或釀造酒精作為調整，即稱為原酒。

保存管理的注意標語。

指的是在搾酒的階段只取中間段落所瀝出的液體，一般認為是香氣與味道最為平衡的段落。而前段所瀝出的液體稱為荒酒，後段稱為責酒。

日本酒的
活用小豆知識

在品飲日本酒的同時，可以善用所搭配食物中含有的營養，舒緩身體因為酒精引發的不適感，
另外，日本酒除了品嘗之外，還有很多料理上的妙用。

為何喝了日本酒或含酒精飲料會醉呢？酒精在腸胃被吸收，到達肝臟時，會被分解成碳酸與水。在這階段之中，如果超越了肝臟可以處理的酒精範圍，在分解的過程，乙醛量會在血液裡增加，將會引發頭痛、不舒服，或想吐的症狀。為了預防這些症狀的產生，充分攝取蛋白質與維他命B6，可以幫助蛋白質的吸收，或是多吃含牛磺酸的食品來提升肝臟機能，讓肝臟能一直保持健康的狀態。如果在品飲日本酒時，能熟記以下食材，不過問料理的型態或種類，不論去店家或在家庭裡都非常實用，也兼具保護肝機能的運作，讓人更愉快的享受用餐時光。

日本酒在料理上的妙用

1. 提升米飯品質

在煮飯的時候，加入少量的日本酒，更能增添米粒的光澤，讓米粒更加飽滿，煮出好吃的米飯。（標準：3杯米=2大匙的日本酒）

2. 還原冷飯美味

冷飯或冷凍的米飯在解凍前，先灑上點日本酒，再微波加熱，將會發現驚人的美味。

3. 傳承江戶時代的調味料

加入1顆醃梅至180ml的日本酒中，並加以搗碎，以小火加熱烹煮至剩一半的量，稱為煎酒（煎り酒）。在醬油尚未普及的時候，煎酒被當成調味料廣泛使用。現今仍有日本料亭偶爾會用這樣的手法，讓顧客懷念與品嘗食材的原本美味。

4. 去腥

在蝦子去殼，除去砂腸後，灑上日本酒，再將多餘水分擦拭乾淨，能夠有效降低腥味。

5. 軟化蛋白質

變硬的起司或火腿，在表面上刷上少許的

日本酒，除了能夠使其軟化外，更能增添風味。

6. 增添烤魚風味

在烤魚的時候，用鹽調味之前，噴上少許日本酒能夠增添美味，亦能除腥。

7. 提昇泡麵湯頭

在煮泡麵的時候，準備關火前加入一小杯日本酒，使其煮沸，讓酒精蒸發，或是準備食用前，在麵裡加入一小匙（當然也可以是一大匙）日本酒，日本酒的旨味成分能消除泡麵乾麵的油耗味，且能讓湯頭更香濃。

8. 修正醋物的味道

在做涼拌醋物的時候，如果鹹味和醋味過於突出的時候，加入少量的日本酒，可以將整個味道修正的更為圓潤。

9. 讓烤蒲燒鰻肉質更軟嫩

在烤蒲燒鰻的時候，灑上少許的日本酒，肉質將更軟嫩，更好吃。

飲酒前（保肝）或飲酒時（下酒＋保肝）的食材好搭檔

沙丁魚	有豐富的維他命B6。
鯖魚	優質的蛋白質與豐富的維他命B群。
豬肉	含有令人期待的蛋白質來源，豐富的維他命B群，特別是維他命B1是食品中的TOP等級。
雞肉	是良質蛋白質的來源，也因為熱量低，如能善加利用，可調整飲食的卡路里。
大豆	有許多蛋白質，含有維他命B群、維他命E，及各式樣營養素，具有消腫解毒功能。
雞肝	蛋白質、維他命A、維他命B群、C、鐵等營養價值高，能幫助肝臟與腎臟的活動。
豬肝	擁有將近一日所需的維他命A、B1、B2、鐵，也提供良質蛋白與維他命C，能促進內臟各部位的機能。
蜆	維持肝機能，最大的法寶：牛磺酸、蛋氨酸、胱胺酸。
章魚	除了蛋白質含量高外，能幫助肝臟解毒功能的牛磺酸也很豐富。
花枝	屬於高蛋白質的食材，含豐富的牛磺酸，有助於肝臟與腎臟功能。
蛤蠣	含有豐富的維他命B12，對於促進肝臟的機能活化有不可缺少的營養價值。
起司（天然乳酪）	含豐富氨基酸與蛋氨酸，可緩和肝功能的過度疲勞，也是很好的下酒菜！因為是發酵食品的一種，搭配日本酒也很適合。

日本酒
搭餐的基本原則
與酒食Marriage

提到「品味日本酒與料理」，看似簡單，但依據搭配方式的不同，呈現出的效果千差萬別。
有些時候也會因為不清楚自己的喜好，陷於不知該如何搭配的困境。
在此，不妨讓我們配合日常選購日本酒時的幾個要點，試著進行日本酒與料理的搭配。

選酒搭餐的基本原則

「純米酒」或是「吟釀酒」

純米酒如同字面所示，是只有以米和米麴為原料釀造而成。大部分純米酒非常強調米的豐潤口感，因此很適合搭配壽喜燒或是薑燒豬肉等風味濃郁的料理。整體來說與個性或是香氣強烈的料理非常搭配。吟釀酒是純米酒之外，添加了釀造酒精的酒。多數的吟釀酒呈現出香氣明顯、口感清爽的特徵，適合搭配豆腐或是白肉魚等味道清新或是清淡的料理。

此外，所謂「精米步合」，也就是「使用削去○○百分比後的米釀造而成」。依據精米程度的不同，日本酒會呈現出不同的風味。當精米步合數字較高，多數的酒呈現出比較強烈的穀物風味，反之，精米步合數字較低，多數的酒會呈現出纖細及高雅的口感。如果能先有這樣的概念，在選擇搭配的料理，會有很大的幫助。

濃或淡

味道「淡麗」、「清爽」及「輕快」類型的日本酒，適合使用輕薄的高腳玻璃杯作為酒器，搭配味道清爽的水果或是白肉魚等前菜一起品嘗。味道「濃醇」、「紮實」的日本酒，適合用有點厚度的燒製酒器，飲用溫度可以從冷飲到上燗（約45℃左右），適合搭配「鹽辛（塩辛）」等風味濃郁的日本珍味，以及照燒等風味較紮實的料理，也可以搭配炸豬排及天婦羅等油炸類料理。

「辛口」或「甘口」

「辛口」類型的日本酒，可搭配青魚或是油脂豐富的魚類料理，使用大量油類烹調的中式料理，以及沙朗牛肉等油脂豐富的肉類料理。「甘口」類型的日本酒，可搭配照燒等用甜辣醬調味的烤肉或是燉煮料理，也很合適搭配鵝肝醬等味道濃醇的食材品嘗。

生酛、山廢釀造

採用傳統的釀造方式，利用這種方式釀造出的酒，特徵在於酸味的呈現。溫過之後也非常美味，與珍味或是當地的鄉土料理都很搭配。根據上述，從各種不同觀點彙整出適合搭配的料理，再依據酒的品牌或是釀造地區，就可以慢慢發現自己的喜好。這樣一來，漸漸會被「日本酒與料理」的搭配所產生的魅力所吸引，整個用餐過程也會更加有趣。

Marriage！酒食的完美結合

Marriage在法文中是結婚的意思，延伸到日本酒上，就好比酒遇上了異國料理所產生的美味邂逅，對我來說它確實是句美麗的形容詞。日本酒單飲固然美味，但如果能在餐點中做適當的搭配，更能提升用餐的滿意度與確幸度。日本酒的味道表現在於甜、酸、苦，與旨味，依據基本的五味表現少了個鹹味。適當的五味結合，可產生完整的美味享受，以料理法來說，鹹味是下手的方向。

甜味的表現可簡單歸納成兩類：舌尖對糖分較容易感受到的甜味，以及在舌面中盤到舌根較易感受到的旨味，或稱為米味的回甘甜。接著酸味呈現出清爽感，與較沉穩且具深度的味道表現。旨味則如同甜味中敘述的回甘表現。當胺基酸含量較高，會感到酒的味道較濃郁；胺基酸含量較低，則會帶來較淡麗的口感感受。苦味則是在舌根上表現出的酒精刺激感。

在上述味道的表現組合下，加上入口後的酒感，香氣與不同溫度帶味道的表現，造就了日本酒纖細多變的風貌，這些要素將是搭餐時需要考慮的重要線索。搭餐的規劃，可以針對同調性或融合性做搭配選擇。同調性指酒與料理有相似的特質，如：清爽的水果沙拉搭配帶果香香氣與淡麗酒體的酒款；台灣家庭料理的滷肉，可以搭配酒體較厚實帶旨味的酒款。融合性則指利用個別的特性予以結合，並產生出Balance的美味，如酸味較強的酒款，可搭配

涼拌海蜇皮／涼拌小黃瓜／橄欖油醋田園沙拉

汆燙白蝦

炸肥腸

烤海瓜子

鹹水鵝肉

甜味較重的食物，將酒中的酸味加以柔化，更加順口。或是帶辣味的料理，可以選擇甜味較明顯的酒款，讓味道變得較為舒緩。以下列舉一般我們在外用餐常點的菜色，作為搭酒的推薦。每個人的口味及喜愛不同，均可藉由搭配的要素作適當調整。

台菜

涼拌料理

　　海蜇皮、豆皮、小黃瓜、海帶等常見的小菜，都有清爽開胃的共通特色。酒款可選擇清雅香氣如青蘋果或綠蜜瓜般等，酒體以簡單輕盈為主體，呼應開味的清爽條件。重點：清爽水果的香氣能增加食慾，酒體維持開胃的清爽原則，不讓味蕾造成過多的負擔。

汆燙溪蝦

　　海產店必點的燙活蝦。紅偏粉色的蝦子，手工剝殼後佐上山葵醬油的美味一品。活蝦汆燙後的鮮甜感，是我們想保留的特色，選擇酒質特色為潔淨感帶出鮮肉的鮮甜，微帶旨味的

豆豉炒苦瓜

白黴乳酪：Brie布瑞乳酪／藍黴乳酪：Blue Cheese藍乳酪／半硬質乳酪：Edam Cheese艾登乳酪／新鮮軟質乳酪：Mozzarella莫札瑞拉乳酪起司拼盤(左至右)

酒體，不蓋過肉的鮮甜，卻能有效平衡較濃郁的蝦膏。重點：潔淨感的酒體，指酒質如山泉水般的柔順潔淨表現，甜與酸味要素不過於突兀，順口的酒質。在搭配鮮蝦時，可同時帶出鮮蝦與蝦膏的美味，適合選擇中度酒體酒款。

炸肥腸

　　滷過的肥腸中塞入大蔥，可烤可炸，彈牙的口感與滷過鹹甜，外加蔥的辣感，多層次的美味確實是人氣下酒菜。鹹甜的調味，與蔥的辣味，會選擇旨味較厚實（酒體較重），或微熟成感的酒質，呼應料理的特性，另外帶銳利的酸味或辛口感的酒質，也能有洗滌的效果。

炒海瓜子

　　九層塔與蒜頭的爆香，海瓜子的鮮味外加辣味，是所有味道幾乎能瞬間表現的佳餚。辣椒的辣味在日本飲食文化裡較罕見，選擇清爽的酒質只會讓辣味更加明顯。我會選擇酸味較圓滑，因熟成後帶出旨味的酒款，以人肌燗35℃上下的溫度，注重於表現酒的柔和飽滿感來做搭配。重點：圓潤多重味道的表現，隨時將口腔調整容易繼續吃與喝的狀態，酒在這裡扮演輔佐與平衡口腔味覺的角色。

煙燻鵝肉

　　鵝、雞、鴨肉是我們亞洲人的料理強項。

煙燻鵝肉的調理法，多半是將鴨肉浸泡醬汁，再混合糖、甘蔗或茶葉作為燻料。帶甜鹹的焦香味與鵝肉多汁感，入口後相當過癮。可選擇適合搭配炸肥腸的酒款，或是生酛系（天然乳酸菌）酒款，沉穩的酸味能緩和脂肪感。燻味的濃縮香氣與油脂特色，為選酒時須考量的重點。此外，鹹水鵝肉也可比照相同搭配方式。

西菜

橄欖油醬汁系的沙拉類別

　　清脆的口感，與來自蔬果的自然酸甜，經由油醋的滋潤更加溫和。沙拉的味道定義在於開胃，健康及清爽，以清晰輕鬆無負擔的酒質搭配最不失特色。重點：清爽的酒款，以較冰涼的5～10℃提供，呈現舒暢感。

生蠔

　　帶點海水鹹鹹的鮮味與濃郁的味道表現，是生蠔的一大魅力。近年來已可見到多國的生

生煎沙朗牛排

生蠔

蠔進口。酒款可選擇帶似柑橘類的香氣,與輪廓明顯的酒體,中硬水帶礦物質水質的酒體選擇,也能凸顯生蠔的鮮美。重點:帶輪廓的酒款選擇,能緩和生蠔肉的濃郁感,並凸顯食材的鮮美度。

海鮮Carpaccio

算是西式的生魚片料理,多用於前菜,以新鮮的魚種切或拍至薄片,淋醬多半以橄欖油酒醋與香草類調製而成。酒款可選擇迷人的果香香氣酒款,提升食慾或與醬料有同調性的搭配,酒體以滑順感為主,能輔佐橄欖油對海鮮的潤滑作用。選擇中度酒體(mid-body)的酒款,主因在酒體太輕會讓口腔感到些許油膩感,酒體太重不但有失清爽開胃感,也可能讓海鮮的甜味被掩蓋。

牛排

牛排是國人相當喜愛的主菜選項之一,不得不承認酒款不好選,但重點的酸味、旨味與dry感能呈現出搭配的美妙。運用生酛系具深的酸味特質,來舒緩牛肉的油脂感,適當的旨味,也能與牛肉的旨味,達到互相輔佐的效果。

乳製品類料理

義式料理中的新鮮水牛起司與番茄、白醬燉煮、起司焗烤,到單品的起司等,日本酒能與其搭配的主因,在於兩者都屬於經由乳酸發酵產生的美味。先將起司簡單化分為新鮮起司,軟質起司與硬質熟成起司等三大類別,新鮮起司可搭配帶新鮮感的生酒或氣泡酒等輕盈、fresh感的酒款輔佐搭配。軟質起司的綿密口感與香氣,可搭配中酒體的吟釀酒款。而硬質起司通常展現出具層次的味道,與較厚實的香氣表現,酒款可以選擇具深度感的純米系列或生酛系酒款,讓日本酒的旨味能更有效引出起司的美味。經典的藍起司,可以選擇日本酒中的貴釀酒,全麴仕入酒或具複雜香氣與味道表現的古酒作搭配,相信會有令人意外的美味表現。

國稀酒造
· 北海鬼殺
· 上撰國稀
· 國稀特別純米酒
· 佳撰國稀

男山酒造
· 男山純米大吟釀
· 男山寒酒特別本釀造

富士高砂酒造
· 高砂山廢純米辛口
· 高砂大吟釀
· 高砂山廢純米大吟釀
· 高砂望富士
· 純米氣泡酒
· 綠茶梅酒

吉田酒造
· 手取川本釀造甘口加賀美人
· 手取川山廢純米酒
· 手取川大吟釀名流
· 吉田藏大吟釀
· 手取川純米大吟釀本流

黑龍酒造
· 黑龍特吟
· 黑龍零
· 黑龍八十八號
· 九頭龍純米酒
· 黑龍大吟釀
· 黑龍大吟釀龍

三和酒造
· 臥龍梅開壜十里香純米大吟釀無濾過原
· 臥龍梅大吟釀45無濾過原酒
· 臥龍梅純米大吟釀無濾過原酒
· 臥龍梅純米吟釀無濾過原酒（山田錦）
· 臥龍梅純米吟釀無濾過原酒（五百萬石）
· 臥龍梅純米大吟釀山田錦

永山本家酒造
· 貴濃醇辛口純米酒
· 貴特別純米60
· 貴山廢純米大吟釀
· 貴純米釀雄町
· 貴純米吟釀山田錦50

車多酒造
· 天狗舞山廢純米酒
· 天狗舞山廢純米大吟釀
· 天狗舞純米大吟釀50
· 天狗舞純米酒旨醇

土井酒造場
· 開運大吟釀
· 開運吟釀
· 開運純米吟釀（山田錦）
· 開運純米大吟釀
· 開運特別純米
· 祝酒開運

玉乃光酒造
· 純米大吟釀播州久米產山田錦35%
· 純米大吟釀備前雄町100%
· 純米吟釀霙酒
· 純米吟釀傳承山廢
· 純米吟釀祝100%
· 純米吟釀特撰辛口

梅乃宿酒造
· 風香純米大吟釀
· 風香純米吟釀
· 風香純米
· 山香純米大吟釀
· 山香純米吟釀
· 山香本釀造

山口酒造場
· 庭之鶯粉紅氣泡酒
· 庭之鶯鶯O-toro梅酒
· 庭之鶯純米大吟釀45黑鶯
· 庭之鶯純米大吟釀50
· 庭之鶯純米吟釀60

第二篇

地酒美食搭配學

增毛町 海鷗很多的地方

增毛町是位於北海道西北部、留萌管內南部的都市。歷史悠久，到處都是被指定為北海道遺產的懷舊建築物。增毛町的町名來自於鯡魚群聚集時，成群海鷗徘徊在海面上的景象，或是愛奴語中「海鷗很多的地方」。此地的牡丹蝦捕獲量是全日本第一，甜蝦及章魚的產量也很多，海產美味的程度，哪怕專程造訪也值回票價！此地還有很多開放採果的果園，遊客可以享受親自摘取當季水果的樂趣！當地著名的鮮蝦拉麵，更將鮮蝦蝦膏的風味滿滿呈現在湯頭中。

● 舊商家丸一本間家

國家指定重要文化財產，完整重現百年前明治時代的風貌。

● 舊增毛小學校

被指定為北海道遺產，移轉前是當地最大、最古老的使用中校舍。

● 津輕藩的越冬元陣屋與秋田藩元陣屋

幕府末期，這個地區是監控俄羅斯的西蝦夷地警戒地，是北方警戒的要衝。

● 增毛港

在距今250年前的寶曆年間，鯡魚業興盛，大人小孩都會從事鯡魚相關工作，學校還因此特別設有「鯡魚休日」。

● 岩尾溫泉

位於暑寒別天賣燒尻國定公園最南方的雄冬岩

增毛町港灣與暑寒別山雪景。©增毛町役場

老地區，是增毛町南方的玄關，周邊有高度超過百尺以上暑寒別山形成的斷崖絕壁，以及長達25公里的絕美海景，沉浸在露天溫泉裡欣賞日落，是人間一大享受。

● 增毛嚴島神社

已有260年歷史，參道上的唐獅子及燈籠源自江戶時代，是增毛町的有形文化財。

國稀酒造
日本最北的海洋風味

以大將之名

位於增毛郡的國稀酒造由本間泰藏於1882年創立。泰藏從小在裁縫店長大，1875年移居到增毛經營和服店，後來創立「丸一本間」，不僅有和服買賣，也銷售日常生活用品。當時大多數的日本酒來自本州，屬於高價品，泰藏向經營酒類販賣的朋友，學到有關酒類釀造的相關知識，開始在當地釀造日本酒。創業後的20年間，由於鯡魚業持續興盛，酒類的需求量也不斷提昇，1902年，他利用當地生產的軟石建造新的酒造，2001年正式將名稱改為國稀酒造株式會社。

國稀取自當時陸軍大將乃木希典的品名。1902年，旭川第七師團及盛岡第八師團因為禦寒能力強，奉命加入日俄戰爭。戰爭結束後，泰藏前往東京請求陸軍將軍乃木希典為尉靈碑的碑文揮毫。泰藏深為將軍崇高的人格所感動，回到增毛町後，借用將軍姓名中的希字，將原來的品名「國譽」改為「國稀」，也隱喻為日本稀有的好酒。

與本州酒造不同的發酵方式

這裡是全日本位置最北的酒造，離海岸只有50公尺，令人不禁懷疑：酒會不會因為太寒冷以至於凍結了？酒造的人告知，這裡最低氣溫大概在－10℃左右，不至於讓酒發生凍結。主要原因是酒造離海岸線相當近，只要海水不結凍，就能受到海水帶來的保溫效果，不太容易發生冷害。

酒造使用來自「暑寒別岳」的地下水製

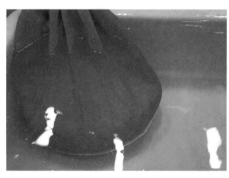

（左）吟釀酒米以秒為單位進行浸漬吸水。
（右）熱心致力於整個增毛町發展的國稀酒造林（Hayashi）社長。

酒，水質屬於軟水。目前使用的酒米中，產自秋田縣的米會先精磨再運送至酒造，兵庫縣的山田錦則先運送至山形縣精磨後才運送至酒造，也會用福岡縣的山田錦，在當地直接精磨後運至北海道。至於酒米「吟風」（北海道的酒造好適米米種，名稱由來是形容它像北海道夏季微風裡飄逸著清爽的氣息），則是北海道當地種植的品種，酒造表示日後會漸漸增加當地酒米的使用量。發酵方面，由於受到天候影響，偶爾也有不容易發酵的情況。此時會在製酒槽的周圍加入熱水，維持適當的溫度，讓發酵情況正常，這種發酵階段的因應方法，應該是國稀與大多本州地區酒造最大的不同。

達比修有最愛的淡麗辛口

國稀酒的酒質屬於淡麗辛口，有四成是以前稱為二級酒的大眾酒，跟北海道當地文化有著密切的關係。由於是漁夫密集的城市，大家都很會喝，對酒類的需求量很大，價格及口味因此定位在每日可以飲用並且不會造成負擔的水平上。酒造的出貨量中，約有九成是在北海道地區直接消費飲用，可見深受當地民眾喜愛。

即使是精米步合75％的酒款，仍有很多人在飲用後都說從未喝過如此美味的日本酒。儲藏方式採用「瓶內儲藏」，使用的酵母是香氣偏高的協會1801號及9號，利用自古以來的混合技術進行調和。就連赴美加入大聯盟的著名職棒選手達比修有也提過「自己目前最熱衷的日本酒，是國稀酒造的純米酒」。北海道物產豐富，增毛町又是個港口，國稀的酒自然成為與當地料理相伴的最佳配角。

大多數外國人認為北海道很冷，因此都會加熱後飲用日本酒，事實並非如此。因為天氣寒冷，家中因暖氣的關係都很溫暖，大多的當地人即使到了冬季也是飲用冷酒。如果要溫飲，我會推薦「吟風」，因為酸度較高，經過溫熱變得圓潤，口感圓滑順口。「鬼殺」屬於辛口，比較適合不喜歡甘口酒的人，溫熱後可搭配用奶油煎過的白肉魚。雖然奶油是西洋食材，但由於日本酒是藉由乳酸菌發酵而成，因此與乳酪、牛奶及優格等乳製品非常搭配。比較起葡萄酒，日本酒中含有豐富的旨味，與味道濃厚的料理搭配更能在口中產生一體感。

老師說

增毛町

增毛町名稱來自愛奴語，代表有很多海鷗，也意味著魚類豐富，成為漁夫的捕魚區域。早在江戶幕府時代，為了避免俄羅斯的船隻侵入，派遣秋田藩進行警戒工作，也設置陣屋（軍營）讓武士可以居住，因此當地也留有武士文化。對身為外國人的我來說，身臨此地彷彿走進日本歷史劇中，腦中浮現漁夫在波濤洶湧大海中滿載而歸，以及武士們奮力守護國土的畫面，讓我完全能想像在當時的時代背景下，日本酒所提供的舒壓效果。

北海鬼殺

北海鬼ころし｜Hokkai Onikoroshi

- 精米步合 65%
- 適飲溫度 冷飲 常溫
- 香氣類型 原物料香氣
- 酒體 輕酒體
- 建議售價 $

 屬於緊實且舒暢的酒體表現中帶有柔順口感的辛口酒。雖然從日本酒度的數字來看，屬於超辛口型，實際品嘗後辛口感呈現出的是適中感也是特色之一。酒質在香氣表現上並不明顯，入口後具力道感的表現與後段所回韻出的酸味，平衡了整體的旨味表現，是一款美味的辛口旨味酒。

Ryouri 適合搭配毛蟹蟹肉與蟹膏的甲羅燒（甲殼燒）。新鮮多汁的甘甜毛蟹蟹肉，與口感溫和俐落的日本酒相遇，兩者不生衝突地融入口中。將毛蟹的蟹肉與蟹膏混合後一起食用，再與日本酒一起品嘗，增添出米的芳醇美味，也延展了旨味的深度感。在燒烤後的甲殼中倒入北海鬼殺的「甲羅酒」，可以細細品嘗著毛蟹風味到最後，令人難忘。

上撰國稀

上撰國稀｜
Jousen Kunimare

- 精米步合 65%
- 適飲溫度 冷飲 常溫 溫飲
- 香氣類型 原物料香氣
- 酒體 輕酒體
- 建議售價 $

Sake 是一款口感溫潤的辛口酒。百分之百使用北海道的酒米「吟風」，精米步合為65%，屬於淡麗辛口酒質，雖屬普通酒，但感受的到酒造的堅持。酒體的酸味表現讓整體輪廓細畫出順口舒暢感與容易搭餐的個性。

Ryouri 搭配可遇而不可求的珍品鰍魚卵。鰍魚卵的口感極似魚子醬再多帶點彈牙感的表現，屬於越嚼越能展現出美味的細緻珍品，為了保有食材的纖細感，會選擇搭配這款口感清爽俐落的日本酒。酒質舒暢，入喉時感覺非常輕快，無論以何者為主角都非常調和。

國稀特別純米酒

國稀特別純米酒｜
Kunimare Tokubetsu Junmai-shu

- 精米步合 55%
- 適飲溫度 常溫 溫飲
- 香氣類型 原物料香氣
- 酒體 輕酒體
- 建議售價 $$

Sake 展現辛口酒的精髓風味。使用酒造好適米「五百萬石」為原料，精磨至55%。豐醇中帶有潔淨的俐落口感，將米的旨味如實呈現，可搭配各式料理，飲用的溫度範圍也很廣。

Ryouri 這款酒基本上可以搭配所有增毛町產的海鮮，酒質的單純個性與清爽感更能襯托出食材本身的美味度，在地產的數子魚卵與鱈魚子的味道相當纖細。兩樣食材都具有溫潤的鹽味，與這一款輪廓鮮明的日本酒非常搭配，讓人產生「有了這一道酒餚就很足夠了」的想法。

佳撰國稀

佳撰國稀｜Kasen Kunimare

- 精米步合 65%
- 適飲溫度 冷飲 常溫 溫飲
- 香氣類型 原物料香氣
- 酒體 輕酒體
- 建議售價 $

Sake 是國稀酒造的基本商品，一直深受當地居民喜愛。入喉清爽順暢，具有不膩口的旨味表現。從冷飲、常溫到溫飲，各種溫度都有不同的風味享受。

Ryouri 冷酒搭配牡丹蝦刺身。酒中的芳醇口感，將牡丹蝦的甜味加以調和，溫和融入味蕾中。溫酒搭配燒烤後的牡丹蝦，蝦殼與蝦膏散發出的焦香與酒溫過後的米香，更引食慾。來自米的甘甜旨味讓具複雜感的蝦膏美味更具深度感，是一個再次發現日本酒美味的美麗相遇。

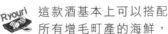

北海道地方 旭川縣 優良稻米之鄉

旭川位於北海道中央的上川盆地，共有130條河川，其中石狩川與牛朱別川交會的旭橋，是建造於1932年（昭和7年）的鐵製拱橋，被選定為北海道遺產。農業興盛，以北海道優良稻米產地聞名。此地日本酒釀造業也非常興盛，有「北灘」之稱。美食方面，據說旭川是鹽味豬內臟與雪花豬的發源地。被列為北海道遺產的北海道拉麵中，旭川拉麵最具有代表性，尤其醬油口味是主流。成吉思汗烤肉非常有名，每家店都有獨特沾醬，以及只在旭川市及空知地方才有的日本蕎麥麵「モツそば」（放入內臟的蕎麥麵），還有從1921年開始販售的「維他命蛋糕」，以及用糖衣裹住焙炒大豆的「旭豆」點心。

● 旭山動物園
日本最北的動物園，以最接近自然的「行動展示」方式觀察動物的生活。還有企鵝遊行、白熊時間等有趣的活動。

● 上野農場
1906年開始發展的美式農場，為了增加魅力種植花草，一家人規劃庭院公開給民眾參觀，是北海道花園的始祖。以英國式的花園為模型，種植許多適合北海道氣候的花草。還有以舊倉庫改建的「NAYA咖啡」，可以品嘗到當地食材製作而成的食物及點心。

● 西神樂就實之丘
廣大的丘陵地，與如同雲霄飛車般、高低起伏的道路，可以飽覽旭川市街景、大雪山群峰及十勝岳群峰等美景。

● Kamui滑雪場
旭川是北海道滑雪活動的發源地。

● 男山酒造資料館
男山酒造具有340多年歷史，是日本傳統產業中的代表之一。資料館也展示古老時期使用的造酒工具，若提出申請，還可參觀工廠，觀看日本酒的製作流程。一樓有男山各樣酒款的試飲區和商店。

● 嵐山展望台
當地居民都知道可以欣賞夜景及煙花的地點，能眺望旭川及東北自動車道，天氣晴朗時還可以看到大雪山。

男山酒造
北海道的優良稻米之鄉

海外輸出的先驅

原以為寒冷地帶的酒發酵速度較慢，酒質會偏向淡麗，但其實不然。男山的社長說：「酒會受到人、風土及氣候的影響。」從味道來說，男山的酒以當地為中心，是為當地人釀造的酒。然而，男山從先代開始，利用原料獲取的便利性與開放酒藏見學，酒造的夢想不再只侷限當地，希望也能得到海外的認同。

45年前，男山將工廠由札幌移至旭川，為了安定及提升品質，採用全量自家生產的機制。1977年自家釀造酒首次參加「海外酒類品鑑賽」，當時沒有來自日本的其他參賽者，此品鑑賽如同現在的「世界菸酒食品評鑑會（Monde Selection）」。當時審查員不知道所謂的「吟釀香」，因為驚豔於「由米所產生的香氣」，頓時不知如何評比，但男山最終仍獲得獎項，同時評審也希望男山提供酒的釀造方法，國際交流從此開始。所以，男山可稱得上是日本酒海外輸出的先驅，至今已經連續39年獲獎。至於日本國內市場的經營，男山過去曾經在札幌銷售過一段時間，效果不理想，因而發現品牌的重要性，於是開放釀造場的參觀及試飲，讓大家對安全的釀造環境有所認識。

由於經常參加海外的酒類競賽，男山獲得很多獎項，知名度提高，銷售也逐漸隨之提升。對於將商品推往海外，例如在飛機上提供日本酒，或打入歐美國家的日本料理餐廳，酒造一開始時抱持非常興奮的心情，但實際前往海外品飲自家商品時，卻發現品質跟原有風味產生極大的差異。原來在跨海運送的過程中，溫度上升的影響，造成酒熟成速度加快。於是

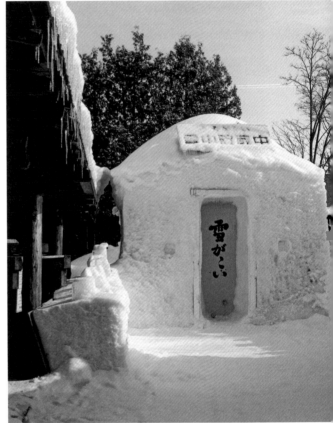

（上）男山的雪室儲藏室。
（下）親和力十足的山崎（Yamazaki）社長。

（上）全自動化的蒸米機。
（中）正在進行三段式釀製作業中的最後添加。
（下）準備進行最高階的雫酒自然垂滴壓搾法。

底下80公尺岩盤層中汲取的伏流水，透過淨水器進行轉換與過濾，屬於有微量礦物質的中硬水。在本藏前方的「延命長壽水」可以飲用，不少觀光客或當地人都會用瓶子裝取。如此柔順的名水，據說與優良的酒造好適米非常搭配。在寒冷的冬季進行釀造，釀造期間的戶外最低溫度會達到－20℃左右，因為不會受到雜菌的影響，因此可以進行長期低溫發酵。在這種氣候下釀造出的酒，呈現出淡麗辛口的特質，非常適合搭配北海道當地的新鮮食材。

目前男山每年的生產量約為8000石左右，相較於一般酒造場的產量，屬於大型酒造。除了由本島買入等級高的酒米外，也愛用本地北海道生產的區域性酒造好適米。唯一缺點是北海道位於日本最北端，多少會有因天氣寒冷引起在地米的冷害，這時能迅速採買本島酒米替代也是相當重要的課題。產量高帶來人力需求增加，因此開始使用許多機械化設備以維持一定的品質，如連續式的自動蒸米機，用來運送米飯到麴室等的air shooter（空氣推力輸送管）等。當然較高等級的商品仍以小量的手工製造為主，機械式的釀造法，或許少了些許酒質的變化與樂趣，但瓶瓶一致的美味也是魅力所在。

男山要求自己商品出口之前，要先了解當地的狀況，由自己主導出口銷售，才能重視運送過程中倉儲的溫度管理。男山希望能將在釀造現場品飲到的風味，原封不動呈現給海外的消費者，傳達酒的安定度與美味。男山目標將生產商品總量的1/3在當地旭川銷售，另外1/3銷售給北海道，最後的1/3外銷日本其他地區與海外。

萬年雪水與區域性酒造好適米

酒造的釀造用水，是來自大雪山群峰萬年雪的融解雪水，經由長年時間流動而下，從地

北村杜氏正在檢查麴米的糖化狀況。

男山純米大吟釀

男山純米大吟釀 | Otokoyama Junmai Daiginjo

・精米步合 38%
・適飲溫度 冷飲
・香氣類型 花果般的香氣
・酒體 中酒體
・建議售價 $$$

使用酒造好適米「山田錦」以及傳統的甑、麴盒及槽等器具釀造而成，富有沉穩的含香，淡麗的口感之間散發出高雅且深奧的美味。自1977年推出以來，多次在海外酒類競賽中締造佳績，是一款連續獲得多次獎項、成績輝煌的酒款。入口後，可以感受蘋果般的芳香，辛口的表現在入喉時產生出俐落感。酒的含香表現優越，可以享受到香氣與味道的雙重美味，稱得上是日本酒中的藝術品。

搭配豬肉豆腐（採用北海道產的豬種もち豚）。甘甜醬油與豬肉油脂的旨味被豆腐所吸收，是一道令人感到心情放鬆的美味料理。雖說是豬肉豆腐，日本部分地區會使用牛肉，但是北海道大部分是使用豬肉。熱燙的豆腐在嘴邊吹涼邊入口的吃法也讓這道料理多了幾分趣味。甜味自然柔順的酒質，搭配豆腐中豬肉清爽的油脂，與醬汁的甜味一拍即合，完全沒有衝突。此外，酒隨之而來的酸度，取代醬汁的甜味，更增加口中旨味所展現出的深度。特別想要品味酒的香氣時，可搭配白肉魚、章魚、烏賊與干貝等；若是要著重於酒的味道表現，可搭配炭烤魷魚。

男山寒酒特別本釀造

男山寒酒特別本釀造 |
Otokoyama Kanshu
Tokubetsu Honjozo

・精米步合 60%
・適飲溫度 冷飲 溫飲
・香氣類型 原物料香氣
・酒體 中酒體
・建議售價 $

是一款酒精濃度控制在13度，微甘口的酒款。在寒冬釀造後跨越了清爽的夏季而熟成的酒款，能表現出旨味的芳醇。柔順的口感很輕易地融合於味蕾之中。冷藏後入喉順暢，會讓人一口接著一口；溫熱後旨味增加，味道表現出具內涵的層次感。

適合搭配牡蠣料理與鱈魚白子（精巢）料理。鱈魚白子在北海道稱為「タチ」或是「タツ」——將白子與牡蠣做底，淋上調味微甜的奶油風味味噌醬後拌勻，放入干貝外殼中燒烤，最後再灑上紫蘇葉絲提味，就完成了鱈魚白子與牡蠣的味噌燒。燒烤後味道飽滿，充滿甜甜奶香味的鱈魚白子，越嚼口感更溫潤，與柔滑的味噌醬融合後，呈現絕妙的和諧度。

經過加熱後牡蠣味道飽滿，甜味與旨味同時提升，與味噌醬搭配後，形成味道更加深奧、有個性的一道絕品料理。經加熱過後的寒酒，酒質表現出米的飽和度，口感更添溫潤。接著將鱈魚白子與牡蠣味噌燒一起放入口中，立即可感受美妙滋味一波波湧現，遠比分別放入口中更加美味。鱈魚白子與牡蠣食材本身的甜味與味噌醬，搭配上旨味溫潤的日本酒，產生最佳的和諧度。當日本酒中米的旨味和溫潤感，搭配上味道平易近人的味噌醬時，看似樸素的組合卻能激盪出所謂的美味定義，再次的驗證出美食與美酒的互助效應。

石川縣 名山好水滋養出豐美風味

©石川縣觀光連盟

石川縣面積最大的白山市以平野部為中心，利用寬廣的農地與豐富的水源發展農業，因為有來自白山的豐沛水源，肥沃土地與溫和涼爽的氣候，稻米生產量占縣內稻米總產量的14%。白山市共有五家酒造，日本酒釀造業很早之前就生根在這塊土地上，釀造使用自白山群峰流動而下，經過約一百年時間自然過濾後的地下水。白山市必嘗美食：手工用竹皮包紅豆餡麻糬、栃餅、簡單風味的年糕片、劍崎辣椒料理、營養豐富的堅豆腐、味道深奧的珍品河豚卵巢粕漬。2005年白山市五家酒造釀造的統一品牌：白山菊酒，是堅持使用白山伏流水與等級一等以上的米釀造成的地酒。另外還有濁酒、能登牛，以及有高級傳統鴨肉料理之稱的治部鍋。

● 白山

橫跨北陸地方、白川市與岐阜縣大野郡白川村，標高2,702公尺，與富士山、立山並列為日本三大名山。

● 加賀獅子

1965年被指定為金澤市的無形民俗文化財產，屬於傳統技藝。

● 牛首紬

紬織物，牢固的程度幾乎可以拔起釘子，因此又稱釘拔紬。

● 雪人祭

每年1月下旬到2月上旬舉行。

● 鳥越城跡

位於三坂町中世紀日本城郭（山城）的遺跡，與二曲城同時被指定為國家史蹟。

● 兼六園

位於金澤市的日本庭園，為國家的名勝地，也是日本三大名園之一。

雪人祭。©石川縣觀光連盟

吉田酒造店
為搭配料理而生

以科學方法提升好米品質

吉田酒造位於石川縣，主要使用兵庫縣產的山田錦與五百萬石進行釀造。現在年產量為3,000石，其中自社精米占了70％。因為採用自社精米機精米，可以親自確認精米的狀況，嚴格進行原料管理，進行全面性良好的控管。此外，依據每年氣候不同，米的狀況也會有所差異。特別近幾年天氣變化劇烈，對於稻作影響很大，所以藉由調整精米機砂輪的轉動速度，可以盡量降低米粒斷裂的風險，精米步合達到45％需要約2天的時間。

吉田酒造也正在進行一種新的米粒降溫法，能讓米粒保持不易斷裂的更佳狀態，以及提升米的品質。通常米粒經由精米過程會產生熱度，因此精米後的米粒需要置於陰涼處約2～3週，達到降溫與水分的均一化後，才能進行洗米程序。目前吉田實驗將精米後的米粒裝入特殊密封袋中降溫，由於米與空氣隔離，不會吸取空氣中多餘的水分，相較傳統自然降溫方式，大幅縮短所需時間。

早期洗米全採用手洗方式，由於每個人的施力狀況不同，釀酒作業是在冬季進行，手會因為長時間接觸約5℃上下的冰冷水，慢慢僵化變得不靈活，力道也會跟著改變，造成米的吸水率及潔淨度無法一致。即使是同年生產的米，依照放置時間，吸水量也會不同。使用機械可以計算米的吸水率，這項數據在釀造過程中非常重要。當然手洗方式也有獨特的手感與優點，不過從酒質的整體數據來看，採用機械洗米釀造出的酒質確實比較安定。

麴的影響力

好的蒸米狀態是外硬內軟。蒸米前，確認米粒是否達到所需的吸水率，例如用於製麴米的吸水率希望達到約30％，在浸泡米的作業上就需要調整時間。蒸米用的釜叫做「甑」，根據不同大小，容納的重量大約在1,000～2,000公斤左右。大吟釀屬於少量化釀造，蒸米的量較少，米的下方會先放入假米粒（ダミ米），形狀跟真米粒相似，可以避免因少量蒸米、蒸氣力過大而對米造成不好的影響。

（左上）蒸出外硬內軟的高品質酒米。（左下）正在撒種麴的職人們。（右）負責山本藏系列的山本杜氏。

淡雅香氣好搭餐

吉田的山廢酒母室（天然乳酸釀造）最能讓我感受到先人的智慧。在冷藏設備尚未普及前，這裡由石塊建造，主要目的讓溫度變化降低到最小，保護及培養空氣與製酒母的桶中存在的好菌。現在酒母室裡當然有加裝空調，但一邊望著保持潔淨的石牆，一邊品著簡潔的香氣，與不會拖泥帶水的潔淨酸味，不得不佩服這具年分的山廢酒母室。

吉田的麴室與其他酒造不同，特徵是麴米容易乾燥。製麴的首日，麴的香氣濃烈，有些人不愛麴菌的香氣，我個人倒是蠻喜歡的。製麴的結果通常可分為兩個類型：總破精與突破精，這是需要事先設定好的。破精意指麴菌的菌絲向米心內部延伸繁殖，成爆裂開狀態的麴稱為「破精」（haze）。總破精通常會用在較濃醇的酒款，麴菌會繁殖在整體米粒上；突破精則呈現出較淡麗的酒質表現，麴菌繁殖在米粒面上較少、但卻伸入至米心的狀態。吉田在製麴的後階段都採取小盒分裝法，除了能給予安定的糖化環境外，也方便能隨時作調整。

日本酒屬於精密計算的複雜工程，連何時出貨及到達顧客手中都會經過推算。在日本，如果從出貨到顧客手中，經由門市、一般店家（顧客）到開瓶飲用為止，平均需要2個月的時間，一般商店的冷藏溫度大約是5～8℃，因此瓶內酵素的活動也變得較快速，綜合所有可能會影響酒質的要素，再由此回推進行壓榨與裝瓶的時間。

山廢釀造是屬於自然釀造的一個工序，利用空氣中的天然乳酸菌進入到酒母的液體，花費的時間與技術比添加人工乳酸來的費時費力。由於空氣中也存在很多的菌種，必須每天進行檢測，依據所得數據製造菌容易聚集及生存的環境，例如進行溫度調整、窗戶開關及放置維持溫度的保溫裝置等，再依據數據進行調整。吉田基本上使用金澤酵母，又稱為協會14號酵母，酸味較為淡雅，特徵是酒質潔淨，少數使用協會1801號，屬於香氣濃郁類型，主要用於新酒鑑評會用酒。

吉田酒品牌分成兩個系列，吉田藏系列與山本藏系列，由不同的杜氏負責，兩位杜氏常常互相討論，嘗試突破，尤其吉田藏的酒，主要以搭配料理釀造而成。香氣大多呈現不搶味的淡雅香氣，雖喝完第一杯會覺得口味稍微清淡，似乎不太滿足，但喝上第二杯或與料理搭配，其輔佐力與耐喝度會變成想要一杯接一杯飲用下去的酒款。

老師說

石川縣

石川縣以金澤酵母聞名，搭配當地的九谷燒酒器更顯得典雅。由30多家石川縣在地酒造所組合成的「Sake Marche」，就是個推廣在地地酒文化的成功案例，舉辦如園遊會、地酒列車之旅，演唱會等，促使更多的年輕人在趣味中重新認識有二千年歷史的日本酒文化，而吉田酒造第六代的吉田泰之正是Sake Marche的重要成員之一。

手取川本釀造甘口加賀美人

手取川本釀造甘口加賀美人｜
Tedorigawa Honjozo Amakuchi Kagabijin

·精米步合 65%
·適飲溫度 冷飲 溫飲 熱飲
·香氣類型 原物料香氣
·酒體 中酒體
·建議售價 $

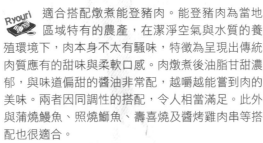

Sake 日本酒製醪階段通常分為初添、仲添與留添等三個階段。此款是在製醪完成時，再添加蒸好的糯米於追加的第四及第五階段，呈現出高雅的甜味。品此酒享受傳統加賀風格的甜味，最適合搭配味道豐富的加賀料理。

Ryouri 適合搭配燉煮能登豬肉。能登豬肉為當地區域特有的農產，在潔淨空氣與水質的養殖環境下，肉本身不太有騷味，特徵為呈現出傳統肉質應有的甜味與柔軟口感。肉燉煮後油脂甘甜濃郁，與味道偏甜的醬油非常配，越嚼越能嚐到肉的美味。兩者因同調性的搭配，令人相當滿足。此外與蒲燒鰻魚、照燒鰤魚、壽喜燒及醬烤雞肉串等搭配也很適合。

手取川山廢純米酒

手取川山廃仕込純米酒｜Tedorigawa
Yamahai-jikomi Junmai-shu

·精米步合 60%
·適飲溫度 冷飲 溫飲
·香氣類型 原物料香氣
·酒體 中酒體
·建議售價 $

Sake 此款將山田錦與五百萬石精磨至60％後，活用酒造中的天然乳酸菌，利用傳統山廢酒母，經低溫慢慢釀造而成。除了米的豐富旨味，山廢釀造產生酸度，讓酒的餘韻更加俐落，可以享受到不同的品飲樂趣。適合冰冷後飲用，或大約40～45℃左右的溫熱口感也很推薦。

Ryouri 此款搭配能登牛握壽司。能登牛是純正黑毛和種，肉質紋路相當細緻，油脂高雅。肉入口後，油脂被體溫融解，經咀嚼，香氣與旨味會慢慢擴散，再將溫熱後的酒含在口中，肉味與油脂香氣，經酒中的酸而變得緊實。此外，與當地鄉土料理劍崎辣椒味噌等味道感強的料理或是珍味料理也很搭配。

手取川大吟釀名流

手取川大吟釀名流｜Tedorigawa Daiginjo Meiryu

· 精米步合 40%
· 適飲溫度 冷飲
· 香氣類型 花果般的香氣
· 酒體 中酒體
· 建議售價 $$$

Sake　採少量且以手工釀造，原料使用山田錦，是以全國新酒鑑評會為目標之一釀造的酒款，也是吉田產品中香氣最芬芳的大吟釀酒。只取味道清爽的「荒走」（arabashiri）為主體，裝瓶過火後在低溫儲藏庫經過半年以上熟成，酒質在清爽之餘浮現出溫順的旨味表現。

Ryouri　適合搭配碳烤金澤粗蔥佐能登鹽。加賀蔬菜中的金澤粗蔥，特徵在蔥白部分又粗又長，口感柔順，加熱後味道鮮甜。此酒味道純淨，適合搭配清爽的料理。酒米溫柔，旨味與自然的香氣，搭配燒烤後帶有甜味與旨味的青蔥，更增添加青蔥的美味，同時提升食慾。也可搭配香魚的帶骨料理，河豚等清爽的白肉魚生魚片或是海鮮沙拉、生蠔等料理。

吉田藏大吟釀

吉田藏大吟釀｜Yoshida Kura Daiginjo

· 精米步合 45%
· 適飲溫度 冷飲
· 香氣類型 花果般的香氣
· 酒體 輕酒體
· 建議售價 $

Sake　社員藏人不過度依賴機械設備，在重視人的前提下，釀造出地區限定的大吟釀酒，也以入選新酒鑑評會為目標，由年輕杜氏細心釀造出的逸品。味道清爽，香氣華麗之中又帶著清涼的表現，適合搭配想品嘗食材原味的料理，價格也相當的平易近人，是在石川縣一定要品飲的酒款。

Ryouri　搭配蠑螺刺身、烏魚子、海老與海膽醋凍、海老與油菜花佐魚子醬。此款是非常纖細的酒，口感雖簡單清爽，但對食材的包容性高，可以搭配各種料理，慢慢享受及品味組合盛多食材的料理，或是希望充分展現食材原味的料理。

手取川純米大吟釀本流

手取川純米大吟釀本流｜Tedorigawa Junmai Daiginjo Honryu

· 精米步合 45%
· 適飲溫度 冷飲 溫飲
· 香氣類型 花果般的香氣 原物料香氣
· 酒體 中酒體
· 建議售價 $$

Sake　此款可稱為手取川正宗原點，是將山田錦精磨至45%，經由低溫精心釀製而成。令人感到安心的味道，無論搭配哪一種料理，都可以感受酒賦予的包容力，富有高雅的蜂蜜香，讓人感覺輕柔舒暢。

Ryouri　此款適合搭配加賀橋立港的碳烤松葉蟹，因為帶有飽滿香氣與獨特甜味的濃度，與碳烤後松葉蟹紮實口感與柔軟的甜味非常搭配。另外也可以搭配白子醋物、里芋蘿蔔煮物、湯豆腐、甜蝦刺身等料理。

車多酒造
蒼鬱森林之中的名酒源頭

名酒背後的靈魂人物

車多酒造的第八代藏元車多一成社長為現任會長車多壽郎的女婿，原本從事金融業的他樂在其中，雖然以前不太喝日本酒，但現在對釀造業充滿熱情。車多酒造一反傳統業界不易接受外界指導意見的常態，認為異業出身的女婿，擁有不同於一般藏人的想法，所以更能跳出框架，產生新的思惟。

酒造除了有能登杜氏四大天王之稱的中三郎杜氏為最高顧問外，酒造另外一位重要人物，是曾於大阪公家機關擔任酒類級別審查相關工作的德田先生，目前為酒造的製造及品質負責人。德田認為車多酒造對於事物的要求相當高，這也是天狗舞如此有名的原因，尤其會長在試酒時的認真態度與堅持讓他非常欽佩。「由於必須釀出酒造所期望的味道，我必須與杜氏就釀造工序的細節部分進行全盤討論。若是發現味道與期待不同，就會在每個釀造過程作相當細部的檢測，找出問題點並立即修正。」

酒質濃郁，味道豐富

車多酒造認為酒的美味祕訣來自於製麴與製酒母，因此相當重視這個釀造工序。中三郎

杜氏傳承下來的製麴方法屬於細部檢視，觀察24～48小時之間麴菌對米進行糖化的所有變化，隨時調整到菌種能作業的最佳狀態，過程中稍有閃失是無法修正或彌補的，這彷彿就像與微生物進行對話般，讓人在不可思議之間又不得不打從內心對達人們給予敬佩。呈現出旨味酒的風格，是天狗舞很大的特徵，而「謹慎的態度」正是這美味由來的基本理念。

酒造另外一項優點，就非「水」莫屬。離酒造約40公里處有日本三大靈山之一的白山連峰，山頂融解雪水及雨水滲入地底成為伏流水後流動而下，而釀造用水必須往地底深入挖掘，找到幾乎不含鐵質的水源才能取用。原料米也是盡可能使用當地生產米，希望能慢慢的促進在地化的釀造。此地由於氣溫不會太低，維持一般的溫度控管，就可以進行發酵，非常

適合釀造。由於北陸冬季的濕氣較重，麴米中含有較多的溼氣，加上空氣中的水蒸氣，酒的味道變得更加豐富，這也是北陸地區的酒質多偏向濃郁飽滿風味的緣故。

引以為傲的山廢釀造法

初次看到酒標寫著「山廢」（山廃）字樣覺得很特別，當下認為是：在深山裡廢墟所釀造的酒。山廢其實是代表日本酒釀造文化的專有名詞，也是日本酒發酵文化之一。這裡所指山廢，是採用傳統的釀造方式，利用天然乳酸菌發酵進行釀造作業。在釀造過程中，為避免雜菌污染，需要乳酸菌的幫助，這裡添加的乳酸菌並非人工乳酸，而是巧妙利用酒造空氣中天然的乳酸菌，在低溫中慢慢進行發酵。在自

（上）呈現出美味日本酒色的山吹色調。（左下）岡田杜氏與德田先生。（右下）俗稱為「もやし」的種麴（麴菌）。

完成糖化後的麴米。

車多酒造的山廢酒母室。

然培育方式的酒母中，只會留下活動力非常旺盛的酵母，這就是日本酒相當引以為傲的生酛系釀造技術法。

在1910年以前，日本酒的釀造都是屬於生酛釀造。在等待天然乳酸菌落下至酒桶的同時，以木杵做攪拌，據說每日須從半夜一直攪拌到天亮，非常耗時與耗體力。後來科學研究發現，有沒有攪拌其實並沒有太大差異，因此提倡廢止攪拌的動作（山卸し），稱為山廢釀造。1911年釀造實驗頒布了速釀系釀造，也就是添加人工乳酸來取代耗時的天然乳酸菌，由於當時日本酒銷售情況相當好，很多酒造開始轉採這種釀造方式，以便縮短時間做大量生產。車多酒造曾有一段時間也採用速釀系釀造，但是會長意識到如果一直維持這樣的方式，便失去了酒造的個性，總有一天會被大型的酒造吞噬，於是開始思考採用傳統的山廢釀造，此後山廢的比率慢慢提升。

冷飲溫飲皆美味

車多酒造的傳統山廢釀造，目前約佔總產量的八成左右。山廢釀造作業較一般釀造作業繁瑣，需要花費更多的時間、人力與技術。與其說是釀造，倒不如說是「培育」。速釀系釀造只要按照操作程序，失敗的機率小，而山廢釀造則困難度很高，其中最重要的就是讓天然乳酸菌進行發酵，這也正是速釀系酒母所沒有的。傳統透過乳酸菌發酵的方式，經過2週的細心照顧來製造味道的基底，這與一般認為酒母工程是來培育酵母的見解有所不同，此時酒母會變得非常美味，有類似甘酒經過乳酸發酵後產生的風味，口感微酸，甜味非常濃郁，也富含旨味，含有豐富的胺基酸，然後再加入酵母菌，之後酵母菌會持續增加。車多酒造的山廢釀造正是從這個地方開始。

山廢酒質特徵在於酸味紮實、辛口風味及餘韻悠長，因為要能與料理搭配，持續的酸味呈現是車多酒造的特色之一。對於車多的酒質色澤多呈現淡山吹色，除了熟成因素外，未採取過度的濾過程序才是主因，對車多來說，山吹色才是美味日本酒該有的色澤。多數人認為山廢等同於溫飲，比較能夠感受酒質深奧度與入口後飽滿的口感，當地很多人卻常以冷飲的方式品嘗，只能說，好酒無論冷飲、常溫或是溫飲都很美味。

老師說

天狗（てんぐ／Tengu）

天狗（てんぐ／Tengu）是日本傳說中的一種妖怪。一般認為，天狗有高高的紅鼻子與紅臉，身材高大，穿著僧服或武將的盔甲，通常居住在深山中，具有難以想像的怪力和神通，以及不可一世的傲慢姿態。車多酒造因為位於蒼鬱的森林之中，不時傳來樹葉摩擦的聲音彷彿天狗舞動，因此將酒款品牌命名為天狗舞。

天狗舞山廢純米酒

天狗舞山廃仕込純米酒｜
Tengumai Yamahai-jikomi Junmai-shu

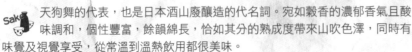

- ·精米步合 60%
- ·適飲溫度 冷飲 常溫 溫飲 熱飲
- ·香氣類型 原物料香氣
- ·酒體 厚實
- ·建議售價 $$

Sake 天狗舞的代表，也是日本酒山廢釀造的代名詞。宛如穀香的濃郁香氣且酸味調和，個性豐富，餘韻綿長，恰如其分的熟成度帶來山吹色澤，同時有味覺及視覺享受，從常溫到溫熱飲用都很美味。

Ryouri 適合搭配河豚卵巢粕漬，這是只有石川縣的舊美川町地區，以及金石及大野地區獲得食品加工許可的鄉土料理。河豚卵巢含有毒素，一般不會食用，但是經過2年以上米糠醃漬，毒素會被消除，是稀少珍貴的料理。鹽分很高，屬於發酵食品，味道濃醇，與溫熱純米酒是絕佳的搭配，旨味與複雜感在口中協調出超乎想像的美味。

天狗舞山廢純米大吟釀

天狗舞山廃純米大吟醸｜
Tengumai Yamahai Junmai Daiginjo

- ·精米步合 45%
- ·適飲溫度 冷飲 常溫 溫飲
- ·香氣類型 原物料香氣
- ·酒體 厚實
- ·建議售價 $$$

Sake 天狗舞以獨自的山廢酒母製造方式釀造的純米大吟釀，充分呈現米的旨味，芳醇順口。酒質中麴與乳酸的味道特徵，相當適合做為餐中酒。

Ryouri 適合與新鮮且帶有纖細海潮芳香的海鮮壽司、或是油脂豐富的魚肉搭配，酒體的鮮麗感與米的旨味能與其調和，像鰤魚（青魽）等血腥味較強的海鮮，更能因酒的特質而只引出食材的甜味感，其他像是甜味偏高與帶海腥味的蟹肉，酒質的旨味完全展現出包容性，且能在入喉後給予俐落的潔淨感。

天狗舞純米大吟醸50

天狗舞純米大吟醸50 |
Tengumai Junmai Daiginjo 50

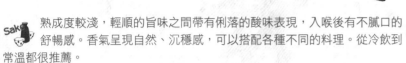

・精米步合 50%
・適飲溫度 冷飲 常溫
・香氣類型 花果般的香氣
・酒體 中酒體
・建議售價 $$

Sake 熟成度較淺，輕順的旨味之間帶有俐落的酸味表現，入喉後有不膩口的舒暢感。香氣呈現自然、沉穩感，可以搭配各種不同的料理。從冷飲到常溫都很推薦。

Ryouri 紅喉魚（のどくろ-喉黑）為北陸特有名產，油脂高雅、肉質鮮細為其特徵，日本常用東日本橫綱——喜知次，西日本橫綱——紅喉魚來形容。搭配燜煎紅喉魚，輕盈的旨味不但不會破壞高雅纖細的肉質感，更能提升紅喉魚的甜味，俐落的酸味表現則不生膩口且具有去除口中多餘油脂的特性，建議酒以常溫搭配。

天狗舞純米酒旨醇

天狗舞純米酒旨醇 | Tengumai Junmai-shu Umajun

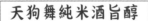

・精米步合 60%
・適飲溫度 常溫 溫飲 熱飲
・香氣類型 原物料香氣
・酒體 厚實
・建議售價 $

Sake 天狗舞以獨自創新方式釀造的純米酒。酒體辛味與旨味表現平衡，很適合做為餐中酒，豐富的酸味讓料理味道更加鮮明。酒色因為熟成，呈現出山吹色澤。

Ryouri 搭配日本海的松葉蟹甲羅燒。在松葉蟹的殼中放入蟹膏與蟹肉後燒烤，蟹膏濃郁複雜的旨味與蟹肉甜味，搭配旨味非常具體的日本酒，產生很好的協調性。酒適度的酸味，與蟹膏淡淡的苦味中和後味道相當均衡，形成在口中延展開來的美味表現。最後將酒倒入蟹殼中作甲羅酒，讓蟹膏的旨味與日本酒的旨味相融合也是種樂趣所在。

北陸地方 福井縣 最具幸福感

©公益社團法人福井縣觀光連盟

福井縣約有78萬人口，佔地418,899平方公里，冬季多為陰天及下雪的氣候，日照時間相對也較短。因為在日本歷史及地理位置具有重要地位，所以非常適合旅遊並品嘗當地美食。據說「適合居住」以及「幸福感」位居全國之冠，可見是一個相當安定平穩的地區。福井縣擁有美麗的鄉村景致，也匯集了許多美食與海鮮料理：辣味蘿蔔泥蕎麥麵、越前蟹、醬汁豬排蓋飯、醃漬青花魚、日本首屈一指的越光米、福井縣限定番茄、一吃難忘的若狹河豚、若狹馬頭魚（甘鯛）、特別在冬天推出的水羊羹，以及代表性點心──羽二重餅（麻糬）等。

● 東尋坊

觀賞日本海日落風情的最佳地點。岸邊長達1公里的斷崖絕壁，可讓人感受到大自然的磅礴氣勢。

● 溫泉

有芦原及三國等溫泉地，一邊泡湯、一邊飽覽整片日本海的景致。

● 永平寺

為曹洞宗的總寺院。道元禪師創建於西元1244年，修行者在面積高達33萬平方公尺的廣大腹地中，進行嚴格的修行。

● 越前漆器

被指定為傳統工藝品，優雅的色澤，讓使用者心靈感到平靜。

永平寺。

● 恐龍博物館

勝山市是日本少數發現恐龍化石的地方。

● 丸岡城

別名「霞城」，據說是日本目前最古老的天守閣。「霞城公園」更入選為日本百大櫻花名所。

黑龍酒造
夢幻好酒與藏人的味道

神祕的夢幻水藍

　　黑龍酒造所釀造的酒，可稱為日本酒中「夢幻名酒」的代表，在日本與世界各地都具有相當高度的人氣。酒造位於日本福井縣，在西元1804年，由石田屋二左衛門創建於永平寺町的松岡。這個地區湧出的名水，來自靈峰白山群融解的雪水，經過長年累月的地層滋養及過濾後順流而下。流經附近的九頭龍川，是福井縣最大的河流，河裡棲息著香魚及櫻花鱒，意味著水質的清澈、澄淨。九頭龍川的伏流水屬於「軟水」，水質輕柔富有口感，對於黑龍酒質有很大的影響。黑龍的名稱，正是出自於

「九頭龍川」的古名「黑龍川」。

　　酒造第八代水野直人社長，曾在東京農業大學農學部釀造科學習有關釀造方面的基礎知識。他在東京時因為飲用當地的水，發現不同地區水質竟有極大不同，他認為自己家鄉的水質才是最棒的，甚至請家人特地從家鄉寄水到東京，乍看十分奢侈，卻也說明了他對「家鄉水」的深深思念。如此讓水野深深思念的鮮美水質，只要參觀酒造之後就能完全領會。黑龍酒造的釀造用水存放於儲水桶內，本身即是令人驚豔的「水藍色」，令人難忘。

　　根據黑龍酒造的日記：經過調查，由於光的散射，讓水看起來為藍色。水原本是無色透

（左）九頭龍川。（右上）夢幻水藍的釀造水。（右下）專注於酒母分析中的女性社員。

明，卻會因為光線的關係看起來為藍色。藍光的波長較短，容易與水分子產生碰撞，而產生分散的藍色光。但並非所有的水質都會呈現水藍色，因此本地水質更加有神祕色彩，只要將水含在口中，立即可以感受到鮮美與甘甜的口感，真不愧是需要花費百年才得以流入酒造中的好水，可稱得上是「水世界中的施華洛世奇」，這也是「黑龍酒質柔軟順口」的主要原因之一。

將日本三大名山之一的白山融解流下來的雪水，與地底下75公尺處的地下水混合使用。因為水中雜質很少，若存放在內側為白色琺瑯材質的桶子中，可一目瞭然清澈潔淨的水質。水質屬於軟水。

強調職場安心與安全

平成2年，水野社長回到酒造，繼續傳承守護源自第一代的信念：好酒質與釀酒者的人

情味，同時也進行許多改革。首先，以「人」為出發點，重視「安心且安全的職場，才可以製造出安定的好酒」，以及「方便於工作環境，才得以投入百分之百的熱忱」的想法，因此孕育出優秀的工作團隊。例如：特地將「ゴミ箱」（垃圾箱）以發音相同的「護美箱」來標示，來突顯其特殊的意義。自古以來酒造是專屬於男性工作職場的觀念根深蒂固，在這個領域中幾乎沒有女性出現。但黑龍以「釀製好酒」為出發點，跨越性別及年齡的框架，讓具有細心謹慎特質的女性負責「酒母室」的工作。因為強調適才適所的聘用，無論是負責哪個工作項目，所有的職人都可以做到最好，具有高度的責任感，讓人感受到整個酒造非常堅定的向心力。

此外，在釀酒時期黑龍也會聘用當地的年長者。年長的人在體力上無法跟年輕人比較，但是可以教導年輕人一些人生經驗和想法，不僅讓工作進行得更順暢，也可以讓年輕一輩學

納豆禁忌

在開始製酒的2個月前，許多酒造都會禁止釀造相關人員食用納豆。因為日本酒的釀造過程與微生物息息相關，繁殖力旺盛的納豆菌若漂浮在麴室的空氣中，容易附著在原料米裡，可能會排擠掉正準備好繁殖在米上的麴菌，造成不良影響。

習到人生的道理。

造酒的總負責人是畑山杜氏，雖然他在釀造業界的資歷不長，但態度謙虛，持續努力釀造出好酒，未來前途發展不可限量。幾年前的一場日本酒鑑賞會，黑龍沒有取得過往年年都有的獎項。當時畑山杜氏因感自己責任重大，在所有職人面前流下了懊悔的眼淚，並向大家低頭道歉，這種比任何人都強烈的熱忱與率真性格，不僅沒有招致責備，反而加深了與職人間的合作關係，一起為釀造好酒更加努力。水野社長也相當感動，他認為，畑山杜氏的存在，對黑龍來說是非常重要的，也更確信他未來一定能夠成為優秀的杜氏。因為有這樣的團隊，黑龍更加茁壯，這也正是酒質安定美味的祕訣吧。

黑龍酒造具有相當深遠的歷史，空氣中都還保有許多有助於釀造的好菌。舊時期的木造建築，具有良好的保溫效果，但缺點是在打掃及搬運時會不太方便。後來在平成6年時，建造了三層樓高的鋼骨建築物：三樓洗米、蒸米；二樓製酒母、製麴室；一樓作業室、壓搾，同時一樓還保留具有百年歷史的吟釀大藏「龍翔藏」的專用藏。因為改建，黑龍由從前勞動型態的酒造，演變成效率良好的現代酒造。同時為了守護傳統味道，也在平成7年開始實施當時少有的「社員杜氏制度」，屬於全年雇用制度（當時大多酒造還是維持在冬天才聘請杜氏的制度）。

藏人的堅持

為了確保可以把酒「最原始的美味」確實地傳遞到消費者手上，水野社長更親自走遍全國各地的銷售點巡視。當時，日本酒的管理方法，幾乎沒有「冷藏保存」的概念，因此陳列出的商品酒質或多或少會產生變化。由於日本酒非常纖細，若受到溫度和光線的影響，容易會產生「劣化」的現象。即使口頭告知銷售商冷藏保存的重要性，還是無法轉達真正的意義，因此，水野社長只好刻意地將酒放置於

「常溫」下，讓其產生「劣化」，並與採取「冷藏保存」的「正常美味的日本酒」進行比較，以實際的實驗結果，讓銷售商了解冷藏保存的重要性。這是件費時的大工程，但對於以「品質第一」為要求的黑龍酒造來說不是浪費，而是必要的時間。如果在消費者飲用前無法確保品質，無論是多麼美味的好酒，都沒有意義。黑龍酒造如此正視問題的根本並尋求解決之道，不僅對自家的產品，甚至整個日本酒界來說都是很大的貢獻。

黑龍的英文是「Black Dragon」，給人非常強烈的感覺，但是實際上品飲後，感受到非常高雅舒服的口感，以及不生膩口的柔順感，光是從酒散發出的舒服沉穩香氣，就會讓人產生微醺的感覺。水野社長的外貌，也有著「黑龍」的氣勢，因此有人開玩笑說：應該會有人覺得社長很恐怖，很難親近吧？實際上與水野社長接觸過後的人都會發現，他是一位非常溫柔體貼，意念堅強且心思細膩的人。如同他所釀造酒的口感，這也驗證了酒造總負責人的個性會反映在酒質風格上。

（上）水野直人社長（右側）與水野剛專務展現出兄弟檔的好默契。
（下）保存完好的百年歷史吟釀大藏「龍翔藏」。

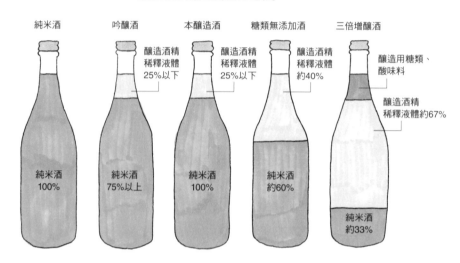

醸造酒精的添加比例

純米酒 / 吟醸酒 / 本醸造酒 / 糖類無添加酒 / 三倍增醸酒

純米酒
醸造酒精稀釋液體25%以下
醸造酒精稀釋液體25%以下
醸造酒精稀釋液體約40%
醸造用糖類、酸味料
醸造酒精稀釋液體約67%

純米酒100% / 純米酒75%以上 / 純米酒100% / 純米酒約60% / 純米酒約33%

堅持品質的黑龍精神

在製程方面，現任會長、酒造第七代水野正人社長，曾遠渡法國學習葡萄酒的熟成技術，並將這個概念導入日本酒的製程。這也促使了黑龍酒造在昭和50年間推出了有熟成概念的「黑龍大吟醸－龍」，在當時，一升瓶（1.8公升）裝的售價為日幣5,000元，價格非常高昂。因為這個契機，日本酒愛好者重新發現日本酒的美味，也開始對吟醸酒有所認識。直到今日，黑龍酒造代代傳承「品質第一」的信念，以絕不妥協的姿態來醸造好酒，也獲得更多日本酒愛好者的認同。

水野社長認為所謂「製酒」，不僅是從原料到日本酒醸造完成為止，而是到消費者飲用前都很重要，不可以有任何疏失。他非常重視代代傳承下來的「父母心」：自己製造的酒如同自己的女兒一般，要讓女兒穿著華麗的和服出嫁的心情，因此從酒瓶、酒標到包裝盒也都非常的用心。

黑龍酒造對醸造好酒的堅持可以從很多地方看出端倪。在二次世界大戰時，「三倍增醸酒」是因應戰後稻米不足所研發的增量醸造手法之一。戰後日本酒的需求日益增高，但是稻米的產量不足，造成日本酒的產量無法提升。為了彌補日本酒產量的缺口，許多酒造開始生產添加大量醸造酒精與水、以少量原料進行大量生產的酒類，所以收益較高的三倍增醸酒，成為當時的市場主流。

我們可以瞭解，三倍增醸酒是因為戰爭所產生的酒款。然而，黑龍酒造的現任會長水野正人在當時卻希望三倍增醸酒的醸造制度可以盡快廢止，他沒有被當時嚴苛的時代環境左右，而是一直製造著自己有所堅持的「好酒」，這就是「黑龍」的精神。

 老師說

三倍增醸酒

指在純米酒裡加入醸造酒精以水稀釋至相同酒精濃度的液體，來增加產量至三倍左右的醸造法，而添加後所導致日本酒味道變淡的部分，會以糖類（葡萄糖、水飴）、酸味料（乳酸、琥珀酸〔丁二酸〕、麩胺酸）等調味料來補強。在平成18年，三倍增醸酒的酒稅名稱改為二倍增醸酒。

黑龍特吟

黑龍特吟 | Kokuryu Tokugin

· 精米步合 50%
· 適飲溫度 冷飲
· 香氣類型 花果般的香氣
· 酒體 輕酒體
· 售價 $$

Saki 將福井縣生產的五百萬石，以低溫釀製而成的大吟釀酒款。雖然標示為吟釀，但是在口感各方面的潛力，可以媲美大吟釀。這款酒具有的香氣十分高雅而且清爽，口感也非常潔淨。

Ryouri 搭配三國產的炙燒板海帶芽，放入飯裡或味噌湯中都非常美味。食材使用三國產的天然海帶芽，取其較為厚實的部分，再加以日曬。尤其剝成容易入口的大小，清脆的聲響，更讓人食慾大增。酒的口感潔淨滑順，同時也帶有豐富的膨脹感，與味道簡單但鹽味平衡、香味延續的三國產板海帶芽搭配絕佳。海帶芽的礦物質口感，與黑龍特吟明確的酸度非常搭配。

黑龍雫

黑龍しずく | Kokuryu Shizuku

· 精米步合 35%
· 適飲溫度 冷飲
· 香氣類型 花果般的香氣
· 酒體 輕酒體
· 售價 $$$$

Saki 如同「しずく」（雫）這個詞，意味著酒是從酒袋裡一滴滴的慢慢自然滴落匯集而成，非常珍貴。此款是釀製於「大寒時節」的大吟釀酒。潔淨透明的口感，吸引很多的愛好者。

Ryouri 適合搭配微汆燙的越前蟹刺身與若峽灣的清酒蒸甘鯛（馬頭魚）。這款酒口感清晰透明，特別是與口味細緻的料理非常搭配，酒與食物相遇後會產生溫柔細緻的口感。「雫」是為了與越前蟹搭配而釀製的酒款，特別是與越前蟹刺身有絕妙的搭配效果，因為新鮮的越前蟹刺身，口感非常有彈性，互搭後的美好滋味，難以用言語形容。越前蟹自然的甜，和整體的風味，與「雫」潔淨且淡淡的米香，巧妙地在舌尖上融合為一。食用越前蟹，請勿沾取太多的醬油，建議只要沾上些許的醬油、鹽或是柚汁就相當美味。
「雫」與水煮越前蟹形成絕佳的搭配，或是以清酒蒸過的甘鯛（馬頭魚），細緻的魚肉與高雅的酒質搭配在一起，也非常棒。

黑龍八十八號

黑龍八十八号｜Kokuryu Hachijyuhachigo

· 精米步合 35%
· 適飲溫度 冷飲
· 香氣類型 花果般的香氣
· 酒體 中酒體
· 建議售價 $$$$

Sake 此款酒為山田錦精磨至35%而釀製出的大吟釀酒。從前因為會把釀造完成的好酒，儲存在代表好事綿延的第88號酒槽中，因而命名。口感纖細俐落，香氣豐郁。

Ryouri 可以搭配越前蟹的網烤與甲羅燒等料理。越前蟹在加熱後，肉質會更佳甜美，加上燒烤過的香氣，令人回味無窮。充滿蟹膏的甲羅（蟹殼），經過燒烤的風味絕佳。在吃完蟹膏的蟹殼中，倒入日本酒予以加熱，稱之為「甲羅酒」，因為帶有螃蟹的鮮甜，風味也格外特別。簡單來說，越前蟹會因為料理方式、料理部位以及食用方法的不同，搭配的酒款也不相同。烤過的越前蟹香氣豐富，肉質也鮮甜飽滿，與富含旨味，口感具體且俐落的八十八號非常搭配。此外，將蟹肉沾上蟹膏後食用，風味絕佳，可以充分享受到食物與酒完美搭配的樂趣。

九頭龍純米酒

九頭龍純米酒｜Kuzuryu Junmai-shu

· 精米步合 65%
· 適飲溫度 冷飲 溫飲
· 香氣類型 原物料香氣
· 酒體 輕酒體
· 建議售價 $

Sake 「九頭龍」系列以專為溫飲釀製而聞名。此款酒是利用低溫發酵，並且透過熟成概念所釀製的冷、溫飲皆適合的純米酒。經由加熱會提高米的旨味，可以品嘗到餘韻溫暖的口感。

Ryouri 此款搭配產自三國的鹽漬海膽、米糠醃漬青花魚。「鹽漬海膽」是用鹽醃漬的海膽，因為鹹味頗重，只要用筷子尖端沾取一點放入口中，海膽深層的旨味就會慢慢擴散開來，堪稱是一道珍品。「米糠醃漬青花魚」是一道將鹽撒在青花魚上，再放入米糠中醃漬的鄉土料理。只要將米糠去除後以火微烤，可以作為下酒菜或是茶泡飯來食用。由於「鹽漬海膽」及「米糠醃漬青花魚」的口味都較重，不適合大口食用。複雜的口感，應該要小口慢慢品嘗，建議搭配40℃左右的溫酒，好好品味一番。這也是自古以來存在於日本，享受日本酒與「珍味」下酒菜搭配的樂趣之一。

黑龍大吟釀

黑龍大吟釀｜Kokuryu
Daiginjo

· 精米步合 50%
· 適飲溫度 冷飲
· 香氣類型 花果般的香氣
· 酒體 輕酒體
· 建議售價 $$

Sake　此款使用嚴選的酒造好適米，經1年熟成所細心釀製而成的大吟釀酒。因為完全沒有雜質感，用「透潔感」來形容再適當不過。酒含有豐富的果香、口感俐落，喝起來感覺很清爽。

Ryouri　此酒款搭配產自三國富饒海洋中的比目魚、海螺等刺身。「黑龍大吟釀」透明、滑順的口感，與比目魚、海螺等簡單的食材都非常搭配。無論是作為主角或者是配角，都可以讓整個用餐過程感覺更為舒暢。

黑龍大吟釀龍

黑龍大吟釀龍｜Kokuryu
Daiginjo Ryu

· 精米步合 40%
· 適飲溫度 冷飲
· 香氣類型 花果般的香氣
· 酒體 中酒體
· 建議售價 $$$

Sake　精米至40%且全量使用兵庫縣產酒米山田錦。此款酒透過低溫熟成，充分利用了葡萄酒的熟成概念，香氣表現華麗沉穩，口感相當滑順。

Ryouri　此款適合搭配水煮越前蟹。如果要品嘗越前蟹的原味，大多數人會選擇水煮方式，因為料理方法很單純，如果食材不夠新鮮，簡單的美味就無法呈現。與「黑龍甲」相比較，「黑龍大吟釀龍」更適合用來搭配水煮越前蟹。因為水煮後的蟹肉，與口感滑順且香味旨味深奧的「黑龍大吟釀龍」在口中相遇，酒會引出味道單純的食材潛力，品嘗到整體安定厚實的口感。

東海地方 靜岡縣 富士宮市
富士山腳下的宗教與美食重心

◎靜岡縣富士宮市企劃部未來企...

位處靜岡縣東部，北邊有世界文化遺產富士山，富士宮市座落於富士山山腳下的原野，腹地遼闊，是日本象徵藝術與信仰的泉源。富士山本宮淺間大社、山宮淺間神社及村山淺間神社都是著名的宗教景點，約占富士山麓的四分之一。這裡擁有聞名全日本彈牙有嚼勁的富士宮炒麵、養殖虹鱒、含有菊芋的菊姬火腿、細長條詩籤形狀的萬能食材富士山ひらら（以米做成的米麵皮，可用作於麵、火鍋、咖哩等料理）、可長期保存的水煮落花生、可作為賀禮的藪北茶、東京電視台節目「電視冠軍」與吉原商店街共同開發的富士義大利麵沾麵、靜岡綠茶稀釋酒飲、果肉中心呈現紅色的Rainbow Red品種奇異果、萬幻豬肉，以及地方特有料理——炸豆腐泥餅。

● 白絲瀑布

自富士山湧出的水從150公尺高處奔流而下。據說白絲瀑布是長谷川角行在洞穴中進行「水行」的地方，成為富士講信眾參拜及修行的場所，也是觀光名勝。

● 南澤螢火蟲清流公園

自5月下旬到7月中旬可以看到2～3萬隻左右的螢火蟲，因為同時可以看到源氏及平家螢火蟲，也被稱為「源平和戰」。

● 朝霧高原

可以很近的仰望富士山，會被意想不到的景象所震撼。從水平方向望過去，可以看到乳牛們橫臥的姿態，酪農業興盛，悠閒的氛圍讓心靈獲得療癒。

● 富士山本宮淺間大社

為了平息富士山火山爆發，將富士山視為神祇祭祀的神社，從九世紀開始成為信仰中心。

● 富士山登山

登錄為世界遺產的富士山，每年都有很多的觀光客參訪。而在僅有的4條登山路線裡，以富士宮登山口距離山頂最短。

● 狩宿櫻花祭典

狩宿下馬櫻的樹齡已有八百多年，是日本五大櫻花樹之一。

● 富士宮祭典

構成世界遺產富士山的指定範圍，在富士山本宮淺間大社附近舉行的秋季大祭典，「富士宮囃子」的演奏被縣指定為無形民俗文化財產。

富士山本宮淺間大社。◎靜岡縣富士宮市企劃部未來企劃課

富士高砂酒造
靜岡的山廢釀造代表

靜岡縣地理位置屬於江戶至京都的必經之路，於此產生多元的文化與交流。富士山的好水，讓靜岡縣清酒多數呈現潔淨的酒質。富士高砂酒造的水源湧出量，多到讓人嘆為觀止，水質屬於超軟水，水中微生物含量少，因此發酵需要較長的時間。說到山廢釀造，大多數人會想到北陸或東北的酒造，而在靜岡縣的酒造中，以前很多家採用山廢釀造方式，目前在靜岡縣，富士高砂就是山廢的代表。相較於其他地區的山廢酒，多數呈現較厚實的酒體，與具深度的沉酸味，富士高砂的山廢，偏向清爽的酸味表現，對於初學者屬於相當容易品飲的酒款，其中，又以山廢純米吟釀在香港與台灣最具人氣。

來自靈山的伏流水

水的特徵，從地底28公尺處汲取富士山的伏流水，水質柔順，且不加以過濾。（豐沛的伏流水量在全國酒藏中相當少見）。軟水的特性在於礦物質含量少，入口後帶給舌面柔軟及滑順服貼的觸感，可釀造出個性宛如女性的酒質。富士高砂的綠梅酒也相當具有代表性。由於放入天然的綠茶，顏色沒有經過調整，與一般看到的顏色多少有點差異。一般梅酒的浸漬時間大約是3個月，這裡的梅酒要經過6個月的浸漬，口感更加溫潤，紮實風味也是這款酒的特徵。

酒造的釀造用水含有釩元素。釩水也是礦泉水的一種，因為已被證實有降低血糖功效，現在是相當受到矚目的礦物質。據說很多人喝了含有釩的富士山山泉水，血糖都下降了，因

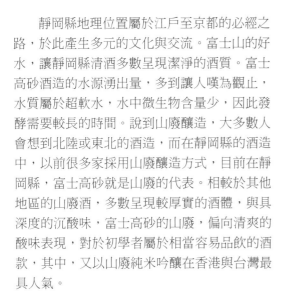

此也形成一股風潮。此外還能讓體內不易殘留脂肪，轉為不易肥胖的體質，也是一大特點，因此，為了減肥飲用含釩元素水的人也不在少數。

與富士山一般的神祕色彩

富士高砂的舊名為山中正吉，是創業者的

屬於超軟水質的富士山伏流水。

藥師藏，讓我留下很深的印象，或許跟我喜愛寺廟有關。日本酒主體的原酒，在安靜的空間裡沉睡著，似乎像是被神明保佑著，等待適當的時刻被取出，並加以點綴成商品。

高砂有幾個酒槽主要是琺瑯材質，壓搾後的原酒再一次放置在此，讓酒中的殘滓沉澱。在藥師藏的二樓，供奉著五尊藥師如來，及三尊鑄鐵地藏，這些佛像最早被供奉在富士山頂的藥師堂中，後來由第二代正吉安置在酒造中。當時的明治天皇非常信仰神明，富士山的存在如同神明，因此認為佛像不該與神明一樣高居富士山山頂，因此開始破壞神像。正吉不忍這些佛像受到破壞，在1874年將它們搬至酒造中，命名為藥師藏。

名字。根據第五代中宣三所彙整《釀造家傳記》中敘述，第一代的正吉在1820年開始釀造日本酒。當時正吉在東海道經商，途中停留在吉原宿旅籠，同住的旅人突然身體不適，正吉幫忙照顧。旅人正是能登松波出身的杜氏，兩人因此結緣，在天間村（現在的富士宮市）開始釀造日本酒。

富士山對日本來說算是一種精神象徵，也被稱為靈山。日劇常出現的澡堂畫面裡，似乎都有一幅富士山的壁磚畫。淺間大社距離酒造步行約5分鐘，酒造被靈山與神社環繞，稱之為離神明最近的酒造應該也不為過。酒造中的

現今酒造的杜氏認為：「因為是要搭配料理的酒，扮演著配角的角色，卻是無論何時都可以繼續品飲的酒款，具有存在感，所以，希望能夠釀造出風味沉穩的日本酒。」另外，酒造也成為F1的Red bull車隊的贊助商，以「Joraku」為名釀製了F1專用的特別版日本酒。

酒造內驚人的湧水量。

藥師藏二樓所供奉的藥師如來。

老師說

富士高砂

在2013年之前，可能已經有朋友喝過富士高砂推出的酒款，當時也許會覺得略帶苦味，由於新型洗米機的導入，米的洗淨品質更加提升，後來的酒不但苦味消失，入口後的旨味更加自然順暢，也驗證在釀造作業中，每個步驟都會對酒質造成影響。

高砂山廢純米辛口

高砂山廃仕込み純米酒辛口｜
Takasago Yamahai-jikomi Junmai Karakuchi

· 精米步合 65%
· 適飲溫度 冷飲 常溫 溫飲 熱飲
· 香氣類型 花果般的香氣 原物料香氣
· 酒體 中酒體
· 建議售價 $

Sake 具有山廢釀造特有柔和酸味與飽滿的香氣，以及靜岡酵母華麗清爽並存的風味。前段口感柔順，餘韻則散發出醇厚深奧的辛口感，溫過後整體的旨味、酸味、甜味及辛口感融合一體，變得溫潤豐富且順口易飲，從冷飲到熱飲各有不同品嘗樂趣。

Ryouri 適合搭配黑魚板磯邊捲。將沙丁魚或是鰺魚等等紅肉魚，連同魚骨一起製成魚漿，品嘗魚原本的風味。黑魚板味道類似甜不辣，味道紮實，越嚼越能感受魚旨味與海的風味。層次豐富的酒，與味道紮實的青魚風味黑魚板完美融合。山廢的香氣與酸味，巧妙包覆了魚腥味，只呈現出魚板的甘甜。溫過後的酒，搭配沾山葵的黑魚板，口感更加豐富飽滿。

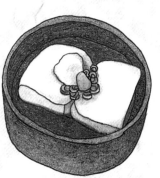

高砂大吟釀

高砂大吟釀｜Takasago Daiginjo

· 精米步合 35%
· 適飲溫度 冷飲
· 香氣類型 花果般的香氣
· 酒體 中酒體
· 建議售價 $$$

Sake 香氣的柔和華麗，讓人心情放鬆，將山田錦精磨至35％，在低溫中慢慢釀造的逸品。味道充滿高雅且飽滿的米香，絲滑柔順的口感帶出具潔透感的酒質與從舌尖擴散到整個舌面的討喜dry感。

Ryouri 適合搭配揚出豆腐。經油炸後的豆腐麵衣與醬油調味的高湯結合後搭酒時，呈現出紮實的旨味表現，這與山田錦所呈現出的溫潤風味相當調和。酒溫度太低時，不容易感受到細緻香氣與風味，建議以接近常溫的溫度飲用，屬於適合慢慢品味的酒款。其他也可搭配白身魚刺身、雞肉等較為淡雅的食材。

高砂山廢純米吟釀

高砂山廃仕込純米吟醸｜
Takasago Yamahai-jikomi Junmai Ginjo

· 精米步合 55%
· 適飲溫度 冷飲 溫飲 熱飲
· 香氣類型 花果般的香氣 原物料香氣
· 酒體 中酒體
· 建議售價 $

Sake 使用酒造中的天然乳酸菌，遵循古老工法釀造，呈現幽淡高雅的米香與吟釀香氣，清爽的口感，風味濃郁的甘口類型酒款。

Ryouri 口感濃郁甘甜，與使用油脂豐富牛肉片的壽喜燒，和燉煮豬肉塊等以醬油砂糖調味的料理也可以作為搭配。微涮朝霧牛蕎麥麵屬於當地店家的特色料理，霜降肉片鋪在蕎麥麵上，淋下雅緻調味的熱高湯，可以品嘗到上等的牛甘甜油脂，將酒加以溫過之後，蘊含在酒中的潛力因為溫度提升，與料理同時自然融入味蕾之中。

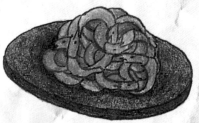

高砂望富士

高砂望富士｜Takasago Nozomufuji

· 精米步合 60%
· 適飲溫度 冷飲 常溫 溫飲
· 香氣類型 原物料香氣
· 酒體 輕酒體
· 建議售價 $

Sake 為紀念日本富士山被列入世界文化遺產特別釀造的特別純米酒。酒標上富士山圖樣令人印象深刻，是一款發揮米的旨味，口感滑順的甘甜辛口酒。風味輕快舒暢，建議冷飲、常溫或是溫飲飲用。

Ryouri 這款酒可以搭配各式不同的料理，以當地盛產的櫻花蝦為例，刺身的鮮甜味，及帶殼的口感所交錯出的美味是無法用言語形容的。冷酒的話，可以感受到舒暢的口感，加熱後的酒與汆燙櫻花蝦一起品嘗，櫻花蝦的甜味會慢慢出現，味道非常調和。若是要搭配櫻花蝦素揚或是什錦揚物，建議的溫度是溫飲或是熱飲。

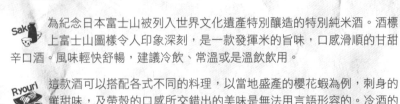

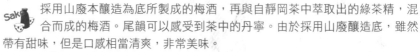

純米氣泡酒

スパークリング酒 | Takasago Junmai Sparkling

· 精米步合 60%
· 適飲溫度 冷飲
· 香氣類型 原物料香氣
· 酒體 輕酒體
· 建議售價 $$

 富士高砂酒造新系列產品，綿密細緻的氣泡口感融入純米酒中，優雅美妙的酸度，尾韻略帶清爽的乳酸感，可享受在炎炎夏日中的微醺新感受。

 適合搭海鮮料理或握壽司等料理，清爽的口感，在每一貫握壽司中搭配飲用，不僅能洗滌口中油脂的殘留感，其中富含的旨味更與醋飯融合為一。另外也可用來搭配西式的開胃料理或做為餐後搭配日式甜品的餐後酒。

綠茶梅酒

高砂梅酒お茶入り |
Takasago Umeshu Ochairi

· 適飲溫度 冷飲
· 建議售價 $$

採用山廢本釀造為底所製成的梅酒，再與自靜岡茶中萃取出的綠茶精，混合而成的梅酒。尾韻可以感受到茶中的丹寧。由於採用山廢釀造底，雖然帶有甜味，但是口感相當清爽，非常美味。

搭配朝霧高原的優格。這種味道清淡且酸味純淨的優格，與帶有甜味且味道清爽的梅酒，兩者搭配非常調和，牛奶清爽、綠茶令人暢快。其他可搭配的料理包括鹽烤雞胸脯肉、鹽烤雞胸肉（以紫蘇葉包覆食用別有風味）。

清水市 櫻桃小丸子的故鄉

東海地方
靜岡縣

清水市位於日本靜岡縣中部（舊駿河國），是一個目前已不存在的城市，也是漫畫家櫻桃子原作漫畫「櫻桃小丸子」的故事舞台。2003年清水與原靜岡市合併為靜岡市，因此有了「靜清」之稱。在駿河灣岸邊可同時遙望富士山與太平洋，如畫般的美景一年四季吸引許多觀光客。此地著名特產有櫻花蝦、吻仔魚、燒津柴魚，用竹葉包裹的追分羊羹，太田椪柑與靜岡黑輪等。

🍵 日本平

日本觀光地百選競賽獲選第一名的風景名勝，同時也是國家級風景名勝及縣立國家公園。

🍵 清見寺

江戶時代受到德川家的庇護，成為接待朝鮮通信使者及琉球使者的地方。至今已有1,300多年歷史，室町時代的雪舟，明治時代的夏目漱石、高山樗牛等多位文人及詩人，都曾經到過此地。寺廟中有一株古老梅樹，據說是德川家康親手栽植，因強而有力的枝幹形似沉睡中的虯龍，因此稱為「臥龍梅」。

🍵 櫻桃小丸子樂園

位於清水港旁購物商城「Dream Plaza」的3樓，可看到以真人比例呈現的小丸子與家人。現場也提供卡通服裝租借，可在場景中的教室與操場拍照紀念。

🍵 三保之松原

可遠眺伊豆半島及富士山，被列為日本新三景及日本三大松原之一。日本有名的仙女下凡故事「羽衣傳說」，其中一個地點就在三保之松原，附近的御穗神社還保存著據說是仙女的羽衣碎片。

🍵 靜岡祭

在1957年間，為了呼應已有450年歷史，深具傳統的靜岡淺間神社「廿日會祭」，而開始舉辦的民間祭典。每年4月，在開滿櫻花的駿府街道上，大家穿著古裝遊行與跳舞，讓人有跨越時空，彷彿回到江戶時代的感覺。

🍵 燒津神社大祭荒祭

具有1,000多年的歷史，是相當特殊且聲勢雄壯的祭典。每年8月，在有「東海第一荒祭」之稱的燒津神社大祭的祭典中，以男、女兩座神輿為中心，由數千名身著白色裝束的人們在街道中遊行直到深夜。

🍵 駿河塗下駄（漆木屐）

江戶時代，提到高級的漆木屐就會想到靜岡縣，現在漆木屐製造量仍位居全國之冠。

🍵 清水港

為國際據點港灣的指定港口。因為能眺望富士山美景，而被列為「日本三大美港」之一。鮪魚漁貨量為日本第一。

三和酒造
源自三國演義的天下美酒

「臥龍」這個詞非常古老，出自於中國四大奇書之一的長篇小說《三國演義》。這部小說是以魏、蜀、吳三國對立的時代為背景，描述當時英雄豪傑的活躍與命運。書中提到劉備三顧茅廬親自邀請諸葛孔明，當中就出現「臥龍－鳳雛」的詞。臥龍指沉睡的龍，也就是尚未得到天下之前，沉潛在地的龍，換言之，也就是指尚未得到機會伸展大志，沉潛在民間的英雄諸葛亮。鳳雛指幼小的鳳凰，暗喻具備成為大人物特質的人。

將場景轉回到日本，當時正處於戰國時代末期，之後創立德川幕府的德川家康，年幼時曾是金川家的人質，有一段時間居住在酒造附近的禪寺「清見寺」裡。傳說有一天，他因為過於無聊，在禪寺庭院某個角落栽種一枝梅花的枝幹。跟諸葛孔明的故事一樣，住在清見寺時的家康也是靜靜沉潛著。家康當時栽種的梅枝，歷經300多年的歲月已成為大樹，每年3月，樹上的梅花就會盛開。壯觀枝幹樣貌宛如沉睡的虯龍，不知從何時開始就被稱為「臥龍梅」。三和酒造希望如同臥龍的故事一般，獲得「天下美酒」的讚賞，因此將新推出的酒款

可瞭望清水港的清見寺。

命名為臥龍梅。

安心農夫的米

酒造當地的水質非常乾淨，釀造用水是以「清流」之名與川中鮎魚（香魚）聞名的興津川伏流水。過去只使用五百萬石及山田錦作為原料米，現在也試著挑戰其他酒米，特別是雄町，經由熟成工序，米的旨味能完全呈現出來，成為非常美味的酒，適合溫熱後飲用。

關於米的產地及由來，酒造認為有責任向消費者說明。以前使用的酒米是經由酒造組合會向全國農業協同組合連合會訂購，但是現在的酒米盤商很多，因此更加混亂。例如曾經有某家酒造親自造訪提供原料米「愛山」的產地，卻聽農民說起市面上很多寫著○○地方產的愛山，實際上當地根本沒生產愛山米。聽來令人震驚，因此三和酒造使用的所有酒米，都

由可信賴的農家提供安心商品。

洗米部分，三和酒造在原料處理上投入很大的心力，同時使用大量的水進行洗米。酒米與一般食用米不同，因為平均的精米步合較低，成分幾乎都是澱粉，因此吸水狀況的控制很重要。依據酒米的品種與精米步合的不同，浸水的時間都必須經過謹慎調節，例如山田錦精米步合35％需要8分鐘，五百萬石精米步合55％需要12～13分鐘，這樣的控管工序稱為「限定吸水」。釀酒的成敗關鍵就在原料處理上。蒸米的冷卻器經由冷卻設備產生冷空氣，連air shooter（空氣推力輸送管）也是使用冷空氣運送米，我想，連輸送管內的空氣溫度也重視的酒造應該不多。Air shooter利用氣壓送出空氣，因為空氣的溫度較高，若不加以冷卻，先前特別冷卻過的米，經由運送過程，溫度會再上升，一切將功虧一簣。

（右）三和酒造前的杉玉。杉玉又稱作「酒林」，是將杉木的枝葉集結為圓球狀而成。每年在新酒釀好的時節，酒造會製作鮮綠的酒林裝飾在門口。據說從前是為了讓人透過酒林的顏色變化來判定日本酒的熟成狀況，流傳至今則帶有酒造期待釀製出美味日本酒的心意。

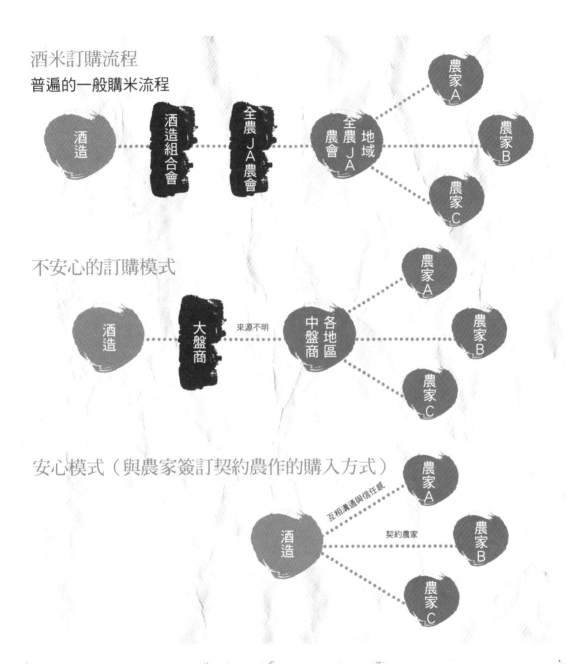

酒米訂購流程
普遍的一般購米流程

酒造 ……… 酒造組合會 ——— 全農JA農會 ——— 全農JA農會 地域全農JA ——— 農家A / 農家B / 農家C

不安心的訂購模式

酒造 ……… 大盤商 ……來源不明…… 各地區中盤商 ——— 農家A / 農家B / 農家C

安心模式（與農家簽訂契約農作的購入方式）

酒造 —互相溝通與信任感— 農家A / 契約農家 農家B / 農家C

老師說

吟釀酒與非吟釀酒釀造

不同處在於釀造過程中的精米步合與溫度管理。藉由精米削除影響酒質的蛋白質與脂肪：精米步合越低，米所留下的是越純淨的澱粉質。但諷刺的是，微生物的構成需要蛋白質，在沒有營養的形況下，酵母為了生存，會在痛苦求生之際產生出胺基酸、蘋果酸等有機酸，而這些有機酸的產生正是所謂的吟釀香由來。另在溫度控管上，高溫雖能讓發酵速度變快，但容易產生雜味，若是希望釀造出潔淨的吟釀酒體，就需要以低溫抑制雜味的出現，也就是我們常聽到「吟釀酒低溫發酵法」的由來。

（上）酒造裡有可選擇手工或以機器自動製麴的裝置。
（下）麴室的溫度感測器。

吟釀香的由來

三和酒造以作為吟釀藏元為理想，堅持釀造的吟釀酒不僅要依循精米步合60％以下的規定，還必須產生應有的吟釀香氣。由於精米步合低，酒槽裡呈現濃稠狀態，液體不會對流，再加上低溫發酵，即使用水管在酒槽外側加水冷卻，酒槽中還是會有溫度不均的狀況。以前在釀造時不會在乎這些問題，甚至在酒槽裡放入暖櫃（溫水桶）以加速米的發酵速度。而如今的堅持則轉變為正好相反的釀造方式，是在酒槽裡放入冷櫃（冰水桶）降低酒槽裡的溫度，以為了延緩發酵速度，讓酵母有充足的時間透過發酵反應，更完全的引出吟釀香氣。

靜岡縣是全日本地區日照率最高的縣市，冬季溫度最低為−2℃左右，但是這樣的情況很少，一年大約只有2、3次。

靜岡酒的特徵是清爽，即使是使用不同酵母也是一樣，這跟當地氣溫與較乾燥的氣候有絕對關係，雖說釀造過程確實決定了多數酒的風格，但地方的風土也是影響酒質的重要要素。三和酒造並不會為了配合酒屋的味道來釀造酒，如果銷售商有興趣，才會銷售給他們，這也代表了對方是真的深愛酒造的風格。因此到現在未曾將酒主動販賣到酒屋（酒屋的日文發音為Sakaya，指的是專門賣酒的店鋪）。好喝的酒不一定銷售的很好，但不好喝的酒不值得釀造。

目前市場上推出很多酒精濃度低的酒，對此鈴木社長表示沒有計畫跟進。他認為如果讓愛酒人士選擇，一定會覺得酒精濃度高的酒比較好喝，因為具有旨味和深度。對於不太喝酒的人來說，則比較可以接受酒精濃度低的酒，所以從以前開始，三和酒造對於原酒釀造一直有相當的堅持。雖然酒的級別制度已經廢除，但以前的酒稅是以酒精濃度的不同來決定。過去若希望讓稅金低一點，大部分會添加釀造酒精。鈴木社長說到「現在不同的是，酒要在最美味的狀態下壓榨、完成，完全不需要加入任何水，也就沒有必要添加釀造酒精。更深入思考，使用品質優良的米，經過良好精磨，加上釀造者高超的技術，我認為真的連濾過程序也是可以省略的。」

三和酒造的鈴木社長。

臥龍梅開壜十里香純米大吟釀無濾過原酒

臥龍梅開壜十里香純米大吟釀無濾過原酒｜
Garyubai Kaibinjyuuri Kaoru Junmai Daiginjo
Muroka Genshu

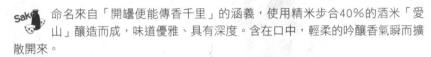

‧精米步合 40％
‧適飲溫度 冷飲
‧香氣類型 花果般的香氣
‧酒體 中酒體
‧建議售價 $$$

Sake 命名來自「開壜便能傳香千里」的涵義，使用精米步合40％的酒米「愛山」釀造而成，味道優雅、具有深度。含在口中，輕柔的吟釀香氣瞬而擴散開來。

Ryouri 適合搭配生腐皮。生腐皮就是將豆漿加熱，大豆中植物性蛋白質遇熱凝固產生的薄膜。味道雖然清淡，但能品嘗到大豆旨味自然融入舌中的獨特味道。雖說這是一款喝了會讓人想要搭配下酒菜的酒，卻也是讓人想要慢慢仔細品味其中米的深度及風味的珍貴之作。但反觀以味道單純、微帶鹹味的生腐皮做搭配，更能品味出酒米所帶來的香氣與細膩酒質。

臥龍梅大吟釀45無濾過原酒

臥龍梅大吟釀45無濾過原酒｜
Garyubai Daiginjo 45 Muroka Genshu

‧精米步合 45％
‧適飲溫度 冷飲
‧香氣類型 花果般的香氣
‧酒體 中酒體
‧建議售價 $$

Sake 使用精米步合45％的山田錦釀造而成。香氣猶如熟成網紋哈密瓜般香甜華麗，整體味道相當平衡，味道表現與香氣呈相同調性，餘韻清爽。由於香氣較高，可以作為餐前或餐後酒。

Ryouri 適合搭配沾上甘口醬油後的馬肉刺身。馬肉油脂中富含甜味與旨味，與山田錦所展現出的甘醇感相似。因此，與沾上甘口醬油後食用的馬肉搭配，味道更加深奧、美味，讓人忍不住驚嘆。

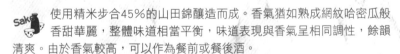

臥龍梅純米大吟釀無濾過原酒

臥龍梅純米大吟釀無濾過原酒｜
Garyubai Junmai Daiginjo Muroka Genshu

· 精米步合 50%
· 適飲溫度 常溫 溫飲
· 香氣類型 花果般的香氣 原物料香氣
· 酒體 厚實
· 建議售價 $$

Sake 使用備前雄町精磨至50%釀造而成。展現酒米雄町適度酸味與圓潤米香，香氣纖細、酒質麗潔。剛開瓶時，可以感受到雄町米強烈的口感，溫過後口感變得圓潤飽滿，餘韻在入喉處可以感受到紮實的米味道。熟成後風味更增。

Ryouri 搭配銀鱈西京燒。將油脂豐富的銀鱈，放入以白味噌、味醂及酒等調味後的醬料中醃漬，再經過小火慢烤，成為一道風味與旨味兼具的料理。同樣是發酵產品的味噌與魚醃漬後，油質與味噌相融洽，展現出深沉的美味，與酒體呈現出同調性的共舞。適飲範圍從常溫到溫飲。

臥龍梅純米吟釀無濾過原酒（山田錦）

臥龍梅純米吟釀無濾過原酒（山田錦）｜
Garyubai Junmai Ginjo Muroka Genshu（Yamada Nishiki）

· 精米步合 55 %
· 適飲溫度 冷飲 常溫 溫飲 熱飲
· 香氣類型 花果般的香氣
· 酒體 中酒體
· 建議售價 $$

 Sake 使用山田錦精磨至55%進行釀造，是一款口感華麗、飽滿的酒。含香芳醇是特徵之一，口感潔淨俐落，很自然地融入於舌面之中。

Ryouri 搭配鮪魚刺身。清水港鮪魚的漁獲量位居日本第一：紅肉味道清爽，中腹油脂加上鮪魚的香氣及旨味讓人食慾大增；淡淡粉紅色、有脂肪的大腹，炙燒後沾上大量的山葵更添美味。赤身搭配冷酒、中腹搭配常溫酒、大腹搭配常溫酒或熱飲。以溫度的變化搭配鮪魚各個不同的部分，享受各種品嘗樂趣。此外，還可搭配西式白醬蛋包飯等料理。

臥龍梅純米吟釀無濾過原酒（五百萬石）

臥龍梅純米吟釀無濾過原酒（五百万石）｜
Garyubai Junmai Ginjo Muroka Genshu
（Gohyakumangoku）

· 精米步合 55 %
· 適飲溫度 冷飲 常溫
· 香氣類型 花果般的香氣
· 酒體 中酒體
· 建議售價 $$

Sake 使用五百萬石精磨至55%釀製而成，較山田錦口感輕盈俐落。隨著溫度上升，口感變為圓潤，雖然會感受到米的力量，但卻不會過於沉重。香氣帶有輕柔果香，感覺清爽。

Ryouri 搭配鯛魚、比目魚、甜蝦。沾上鹽食用，最能呈現出簡單的美味。味道在呈現清爽之餘，也能感受到來自米的美味。入喉後潔淨俐落，最適合搭配味道纖細的食材。特別可以將魚類特有的魚腥味徹底包覆起來，只留下旨味。因為酒本身具有米的飽滿風味，因此也很適合搭配經過熟成、富含旨味的魚類料理。甜蝦柔順濃厚的甜味餘韻綿長，可與溫飲搭配，讓米的圓潤感與其融合，更添美味。

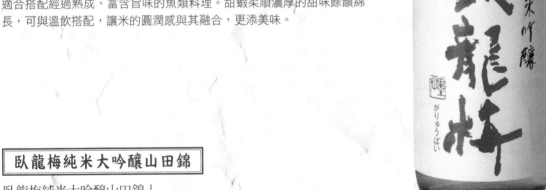

臥龍梅純米大吟釀山田錦

臥龍梅純米大吟釀山田錦｜
Garyubai Junmai Daiginjo Yamada Nishiki

· 精米步合 40%
· 適飲溫度 冷飲
· 香氣類型 花果般的香氣
· 酒體 中酒體
· 建議售價 $$

Sake 使用山田錦精磨至40%釀製而成，散發出溫和、清爽、香甜的哈密瓜香氣，可以感受到優雅、沉穩的旨味，味道簡潔，不拖泥帶水，是非常均衡的酒款。

Ryouri 搭配烏賊與章魚。保有酒本身的柔和香氣，以及潔淨、溫和且飽滿的味道，建議選擇搭配個性不過於強烈、味道清爽簡潔的料理。烏賊與章魚的口感、簡單的味道，與絕妙的海潮氣息，更能襯托出高雅風味酒款中的旨味表現。

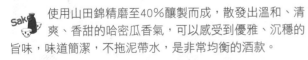
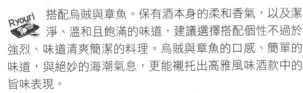

東海地方 靜岡縣 掛川市 濃厚江戶風情

掛川市位於靜岡縣西部,是相當發達的地方都市。農業是主要產業,在牧之原市成立前,「荒茶」(未經精製的茶)生產量位居全日本第一,也是靜岡縣屈指可數的工業都市。掛川必嘗的美食:百分之百用掛川市生產荒茶製造的掛川產掛川茶、皇冠哈密瓜(Crown Melon)、各式草莓品種、味道相當甜美的桃太郎品種番茄、代表性鄉土料理掛川流山藥湯、名產山藥薯、附有特產茶飯與烙印上舊時貨幣十兩圖樣玉子燒的千代御膳套餐,還有味道及口感都是最高級的石川小芋。

葛布

「葛」是自然生長於山林中的蔓草,採自蔓纖維製成的編織物稱為葛布。掛川自鎌倉時代承繼製法,江戶時代因為東海道掛川宿的繁榮,進而帶動葛布業的發展。

橫須賀風箏

造型特殊、顏色鮮豔,源自戰國時代,據說當時是為了測量敵人基地及作為通訊的手段,已有500多年傳統。

掛川城御殿

作為城主住宅、公家機關及公家儀式祭典使用的地方。御殿是江戶時代重現的建築物,全日本只剩下幾處,非常珍貴,被指定為國家重要文化財產。

玫瑰花栽培

掛川市玫瑰年貨量約為450萬株,金額高達3億2千萬日幣。白色系雪山玫瑰(Avalanche)及紫色系藍色千層玫瑰(Blue mille-feuille)相當受到歡迎。

粟岳

賞櫻名所,春季時可以在櫻花樹下享受賞櫻樂趣。

潮騷橋

自行車及步行者專用橋,全日本最長的吊床版橋,建造工法也是世界少見。

掛川祭

保留城下町——掛川宿的傳統特色,每年10月上旬於掛川車站北側街道進行。

土井酒造場
重用先進機器的環保酒造

許多酒造堅持在不依靠機械的情況下進行釀造，然而開運酒造卻選擇將傳統工法結合先進技術，同時顧及環保概念釀製酒。光聽名稱就非常討喜的「開運」，在前往酒造途中，抵達目的地之前，會穿越一間間茶園與竹林園，心中彷彿受到這些特有景觀影響，感受到都市人欠缺的安心與寧靜。一抵達酒造門口，玄關兩側的成年櫻花樹，正歡迎著賓客到來。一進酒造立即對特有的洗米機感到震驚，似瀑布般的景象，水與米產生的搖晃聲響真是令人感到雀躍，經土井社長解釋後才了解這部洗米機可是大有來頭。

領先同業的洗米機

開運酒造的吟釀酒用米，採用這種名為「KID」的洗米機洗淨，以每分鐘700公升的大量水流進行洗淨。宛如瀑布般的洗米機，下方接收酒米的部分也因離心力的緣故激烈地左右晃動。經由米跟米摩擦的構造，利用遠心力進行米的洗淨作業，讓雜質徹底脫落。因為水的強大力量，精米效率也會提升約1～2%。這部洗米機是由專門業者提議並互相討論研究所研發，洗米原理受到許多酒造的關注，但土井社長是當時唯一一位積極希望在自家酒造進行嘗試的人。

因此在這台機械調整完全後，命名為KID，除了含有土井社長姓名中的D字之外，也包含相關研發者的第一個字母：K（河村伝兵衛）、I（イシダテック一）、D（土井酒造場）。若沒有徹底去除附著在米上的米糠與雜質，麴菌就無法順利延伸到米的中心，因此洗米是一項很重要的作業。而吟釀以外的酒款，原料洗米是使用自動洗米機與浸漬機，洗米機在洗米的水槽中，設置從噴嘴加入氣泡水的獨特裝置，再利用輸送帶注入水，依據時間來調整水量，在日本很稀有。

重視環保的經營風格

開運酒造現在的杜氏是榛葉農（Shinba Minori），跟隨已故開運杜氏波瀨正吉學習的時間長達10年以上。（波瀨正吉被譽為「能登四大天王」之一，味道濃郁甘甜是能登杜氏的釀酒特徵，但是為了搭配靜岡縣的風土、食物及水，因此釀造出風味清爽的酒款。）我們常

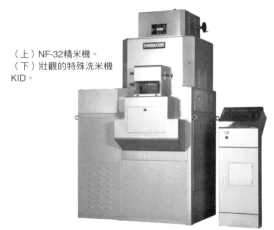

（上）NF-32精米機。
（下）壯觀的特殊洗米機
KID。

聽到：杜氏改變，酒的味道也會改變。味道改變對酒造來說是很大的困擾，第四代的土井社長為了提升酒質，投資最新的設備，提昇釀造者的工作效率，同時朝向釀造的穩定性，與令人放心的酒質而努力。因此導入精米機、洗米機、高品質無菌空氣運送機、溫度管理系統、友善環境的太陽能裝置及污水排水處理等，將風險減至最低，榛葉農杜氏也發揮所學的技術，將開運的味道百分之百呈現出來。

這裡的精米機同樣屬於不常見的機型（新中野工業精米機NF－32寸型），優點在磨米的砂輪可用較低轉速進行，讓精米過程溫度不易升高，確保米中的水分不易流失。其他像是以微生物力量將廢水處理成乾淨水後排到河川的廢水設備，以及領先其他同業開始採用太陽能板設備，電力生產量可以在春季供應整個酒造的用電量，夏季則可以提供一半的電量。整體來說開運是一家對環境非常友善的「環保酒造」。很難想像在外觀如此傳統的建築物中，有著這麼多先進設備。土井社長對於環境的重視程度，在業界算是數一數二的，令人感到相當敬佩。

在釀造酒的過程中，培育好菌與隔離壞菌一直是酒造的一大課題。在保持環境乾淨的原則下，將酒造空調系統所製造的乾燥無菌空氣送到酒造每個角落，確保有良好的造酒環境。有人說：傳統與科技會產生衝突，但是在開運，我深刻感受到土井社長的用心，也瞭解科技在傳統產業上提供更好及有利的工作環境。土井社長開玩笑的說：「自己很喜歡機械設備，為了酒造，如果有好的新機械設備就會買，三不五時還會問業者是否有新的設備」。

到靜岡水質的柔軟度，不刻意張揚的旨味與潔淨度，真的讓人一杯接一杯。至於酒造使用於蒸米及製麴等的原料用水，是稱為「長命水」的高天神伏流水，以水車運送到酒造後再行使用。雖然其他的作業用水，如大井川的井水，也非常良好，但對於原料用水的極致要求，酒造堅持將高天神的伏流水運送至酒造使用。

在釀造本流日本酒的原則之下，開運希望確實釀造出美味的酒。靜岡的水質柔順，口感溫和，酒質雖然輕快，但可以感受到來自於米的美味，是會令人不自覺一杯杯飲用，有存在感的日本酒。

一杯接一杯的簡單美味酒質

美味的東西世界共通，理想的酒質，具備舒暢、有風味的特質。社長說，所謂的好酒，就是讓你不知不覺喝下了很多杯。我個人也相當認同，開運酒造的酒質正是如此，酒質呈現潔淨簡單，入口的柔順程度，很容易感受

老師說

本流日本酒

所謂的本流日本酒，酒精濃度必須在15度以上，可以感受到米的飽滿與旨味，可以說是日本酒的原來風貌。

開運大吟釀

開運大吟釀 | Kaiun Daiginjo

- 精米步合 40%
- 適飲溫度 冷飲
- 香氣類型 花果般的香氣
- 酒體 中酒體
- 建議售價 $$$

Sake 「開運大吟釀」是土井酒造在日本全國出名的最初契機，使用兵庫縣特A地區的特等山田錦，自家精磨至40%，以靜岡吟釀酵母透過低溫發酵釀造而成的逸品，香氣高雅柔順。味道在清雅細緻之餘，也表現出旨味的紮實魅力。

Ryouri 搭配靜岡皇冠哈密瓜。在哈密瓜淋上此酒，酒中米的甜度，與瓜的甜度調性相同，酒的細緻淡麗與內涵力道，能去除哈密瓜中多餘的甜膩感。酒與哈密瓜混合後的汁液，兩者契合的程度會令人想品嘗到最後一滴。

開運吟釀

開運吟釀 | Kaiun Ginjo

- 精米步合 50%
- 適飲溫度 冷飲 溫飲
- 香氣類型 花果般的香氣
- 酒體 輕酒體
- 建議售價 $$

Sake 香氣非常細緻、輕柔且清新，味道柔順、鮮明，旨味與酸味相當均衡。口感俐落，適合做為餐中酒，搭配各種不同的料理。

Ryouri 此酒款細緻清爽，不會干擾到茶碗蒸裡蛋汁和高湯的香氣。溫潤的口感和旨味，與茶碗蒸柔順的口感相當契合。旨味均衡，讓存在於其中的各種配料更佳美味。也可搭配味道較清淡的白肉魚刺身。

開運純米吟釀（山田錦）

開運純米吟釀（山田錦）｜
Kaiun Junmai Ginjo Yamada Nishiki

· 精米步合 50 %
· 適飲溫度 冷飲 常溫 溫飲
· 香氣類型 花果般的香氣
· 酒體 輕酒體
· 建議售價 $$

Sake 香氣沉穩，富有果香，米的飽和感沒有雜味，是開運商品中最典型的山田錦純米吟釀。深奧旨味與清爽、俐落的口感融合後，整體風味相當均衡。

Ryouri 無論是以酒或食為主角都有很好的協調性。米飽滿的旨味、俐落的口感，與鰻魚的油脂旨味非常相搭。搭配碳烤過的白燒鰻魚，食物香氣更增加酒的飽和感。另外可搭配鹽烤鯛魚、烤駿河軍雞或是天婦羅佐天然鹽等料理。

開運純米大吟釀

開運純米大吟釀｜Kaiun Junmai Daiginjo

· 精米步合 40%
· 適飲溫度 冷飲
· 香氣類型 花果般的香氣
· 酒體 輕酒體
· 建議售價 $$$

Sake 連續2年獲得靜岡縣新酒鑑評會純米大吟釀類別的第一名，採用兵庫縣特A地區山田錦精米至40%，經過長期低溫製醪，呈現出精緻的香氣與清爽尾韻，口感滑順容易入喉，成為清新的酒廠代表作。

Ryouri 搭配靜岡縣產的金目鯛魚涮涮鍋，冬至春季為金目鯛魚的盛產期，帶油質與纖細的肉質為特色，經高湯輕涮至3分熟後佐柚子醋食用可享受肉質極甜的味道表現，與輕盈滑順的純米大吟釀搭配，口感的同調細緻與旨味的互相呼應更讓人著迷。

開運特別純米

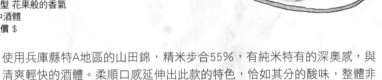

開運特別純米｜
Kaiun Tokubetsu Junmai

- 精米步合 55%
- 適飲溫度 冷飲 常溫 溫飲
- 香氣類型 花果般的香氣
- 酒體 中酒體
- 建議售價 $

Sake 使用兵庫縣特A地區的山田錦，精米步合55%，有純米特有的深奧感，與清爽輕快的酒體。柔順口感延伸出此款的特色，恰如其分的酸味，整體非常均衡，餘韻俐落。

Ryouri 口味清爽的蒲燒鰻，可選擇搭配較輕快爽口的酒款，而如果希望與鰻魚的油脂搭配，則非此款山田錦莫屬，蘊含飽滿米香的酒體，被舌面自然地吸收。蒲燒鰻鹹甜的醬汁，讓旨味提升的同時，也表現出潔淨俐落的餘韻，也可搭配金目鯛魚荒煮（紅燒）、燜烤牛肉等。

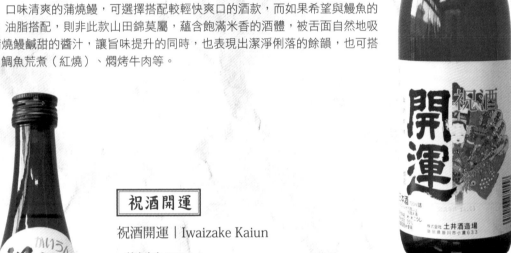

祝酒開運

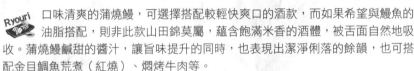

祝酒開運｜Iwaizake Kaiun

- 精米步合 60%
- 適飲溫度 冷飲 常溫 溫飲 熱飲
- 香氣類型 花果般的香氣 原物料香氣
- 酒體 輕酒體
- 建議售價 $

Sake 香氣自然、適切。從冷飲到熱飲，享受不同溫度帶來的品飲樂趣。酒體輪廓明顯，米味具體且豐富，是從創業開始就有的酒款，能品嘗到開運酒的美味。

Ryouri 鰻魚肝自古以來就是能滋養身體與恢復疲勞的高營養食材，搭配烤鰻魚肝，酒從常溫到熱飲各有不同趣味。味道濃郁的鹹甜醬汁，搭配能自然被舌面吸收的36℃溫酒，飽滿的旨味與鰻魚肝的深奧滋味非常契合，讓人不自覺慢慢品味起來，也可搭配太刀魚（白帶魚）煮物。

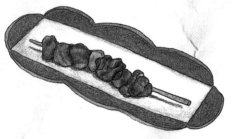

近畿地方 京都伏見 酒町古都尋美味

京都伏見是京都市南邊的玄關，為一座城下町，曾是幕府末期賢能志士相當活躍的地區。作為使用清澈伏流水釀製出美酒的「酒町」，其釀造業的開始可追溯至稻作傳入的彌生時代。沿著古老的酒藏漫步在伏見的市街上，可以體驗到許多只有在此地才能品嘗到的美味：京野菜、豆腐·湯葉（豆皮）料理、鱧魚（夏季海鰻的一種）、精進料理、懷石料理、鹽漬魚乾等。

● 伏見稻荷大社

全國約3萬多家稻荷神社的總本社。每年的初詣（新春參拜）是近畿地區參拜人數最多的神社，也是外國人最喜愛的日本觀光地點之一。

● 大倉紀念館

傳遞古老釀造歷史的資料館，保留早期釀酒道具，可深切感受日本酒的釀造作業與歷史。

● 御香宮神社

此地湧出香氣優雅的水，成為神社名稱的由來。澄淨的水質，也成為伏見地區釀造業的象徵。神社中的「伏見之御香水」獲選為日本名水百選之一。本殿正門及色彩豐富的雕刻，已被認定為國家的重要文化財產。

● 西岸寺（油懸地藏）

據說是京都府山崎的油商人因為在地藏菩薩像前摔倒，造成油桶損壞，油也因此外流。由於當時油是非常貴重的物資，他在失望之餘就將剩餘的油淋在地藏菩薩像上作為供養後，再繼續去經商。之後，生意卻變得非常興隆。此後，很多人會到此將油淋在地藏菩薩像上祈求願望實現，也逐漸成為信仰中心。

伏見稻荷大社的狐狸像。

玉乃光酒造
領先業界推出純米酒

玉乃光誕生於1673年，是第一代中屋六左衛門在皈依紀州熊野大社時，由神官賦予的名號，含有可以照耀出主神（伊邪那岐命和伊邪那美命）魂魄美酒的意涵。這個名稱不禁能令人感受到當中深奧的趣旨，且能與熊野古道中森羅萬象的空氣相連結。玉乃光對純米酒的推廣及貢獻在業界有目共睹。從酒造歷史來看，早在1880年左右，當時第九代六左衛門開始專注於重視米品質的純米酒。據說每天早晨，他會到兩個酒藏使用小酒杯進行試酒，為了追求極致的品質始終奮力不懈。1964年，玉乃光領先業界推出純米酒，現在仍然致力於純米酒普及市場的開發。

好水良米構成的溫婉女酒

玉乃光位於京都伏見，正是以女酒聞名的御香水所在地。所謂女酒，指酒入口後呈現出柔和滑順的服貼口感，猶如溫柔婉約的女性一般。從洗米、蒸米、製醪與使用於醪中的水，玉乃光都是使用來自桃山丘陵的伏流水，與當年豐臣秀吉在醍醐茶會汲取的御香水相同，現在也是日本環境省選定的「日本名水百選」之一。在原料米的部分，玉乃光使用有夢幻酒米之稱的岡山縣「備前雄町」與有酒米界橫綱之稱的兵庫縣「山田錦」，以及京都生產的高級酒米「祝」等。每年一到春天，大家也會前往原料米的生產地，換上長靴，協助農家進行插秧。

酒米備前雄町的代表

玉乃光可以說與備前雄町米畫上等號——備前雄町酒就等於玉乃光，這也是社長的經營方針。備前雄町擁有百年以上歷史，屬於晚生米中的古酒米品種。收成期約在10月第2週前後，比一般米種收成期來的晚。米的顆粒較大，稻稈也偏高，約150公分。由於較難種植，稻稈較高容易倒塌，年產量也相對稀少。相較於山田錦，雄町的香氣較為清淡，但味道

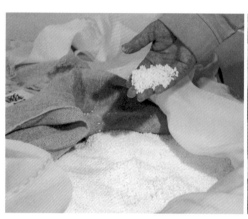

（左）完全糖化後的麴米。
（右）細心解說酒造特色的釀造部長辻本健先生。

的表現較直接，可以釀造出味道深奧的酒質，也被視為是日本唯一沒有被混血的酒米品種。玉乃光在原料控管上相當細膩，來自不同農家的米分別管理，並進行分析化驗。即使是同樣米種，依據生產者不同，品質也會產生差異。之後再依據分析結果進行精米、洗米、蒸米及製麴等作業，採行最適當的調整。

在傳統中與時俱進

玉乃光釀造人員的架構相當少見。釀造期間在酒造裡從事有關釀造相關人員稱為「藏人」，藏人中的領導稱為「杜氏」。如同葡萄酒莊裡的釀酒師，呈現一種金字塔型的工作組織架構。但是玉乃光在釀造期間，卻以森本杜氏為首，季節藏人有5位（其中3位為但馬杜氏，2位為能登杜氏），再與11位公司社員一同進行釀造作業。有別於過去以杜氏為麴室或製醪的負責人，這裡由社員負責，在充分相互溝通與共同釀造的精神下，大家結為一體，發揮團隊力量進行釀造工程。社員主導、藏人們協助，是一種新的人力架構。由於受到高齡化的影響，藏人越來越少，若是能由社員負起整個釀造作業，未來即使藏人減少，釀造出的酒質也能較為安定。

玉乃光的商品，大多屬於香氣較為清雅的酒款，重視與料理搭配時的表現。多款商品在入口的瞬間，明顯感受到酒質的柔軟與甘甜，反映出御香水的名水魅力。原料米為備前雄町的酒款帶出不同層次的旨味，即使是個性強烈的酒米，也在御香水的包覆下，產生溫潤的口感。而以京都代表酒米「祝」為原料釀製的酒款，口感滑順，酒體輕快，散發出淡淡米的甘甜，呈現宛如京都的優雅風情，令人為之著迷。玉乃光在日本釀造業界是推廣純米酒的先驅。先代為了傳遞純米酒的美味，抱持有無獲利都無所謂的心情奮力推廣，事隔半世紀，仍然持續最初的理念。如同玉乃光的丸山社長常說：「時代會改變，但是有些事物不會改變。」充分說明了酒造不變的理念與精神。

老師說

主角還是配角？

日本酒有趣之處，在於一款酒給一百個人品飲，會有一百個不同的答案與意見，沒有對與錯。參訪了許多酒造後發現，他們的謙卑態度令人驚豔。在國外，我們多數以酒為主、料理為輔，兩者搭不搭好像不太重要。但經過這次，我深刻的體驗到酒造們幾乎都渴望自家商品能輔佐料理，並以此作為釀造理念，讓人與人、食與文化，經由酒的連結後更加愉悅。建議大家下次用餐時，不妨試著以餐搭食或區域文化的角度去體驗更多日本酒的潛在可能性，相信美味的不只是餐與酒，還有更多美好回憶。

純米大吟釀播州久米產山田錦35%

純米大吟釀播州久米產山田錦35% |
Junmai Daiginjo Banshukumesan
Yamada Nishiki 35%

· 精米步合 35%
· 適飲溫度 冷飲
· 香氣類型 花果般的香氣
· 酒體 輕酒體
· 建議售價 $$

只使用酒米中最高級的播州久米產的山田錦，自家精磨至35%，使用小型酒槽，不惜耗費工時釀造而成。酒中散發華麗吟釀香氣，入口後，無阻力的滑順酒感與潔淨感融入味蕾中，而後，酒米也展現出醇厚的旨味魅力，是極盡奢華的逸品。

為了讓特上山田錦充分展現潛力，可搭配食材選擇原本就很有趣的八寸（日式前菜組合），從簡單到多層次變化的料理法都能產生美味的回應。華麗細緻的酒香，搭配風味坦率的鯛魚，非常有趣。搭配醬烤山椒竹筍，酒米的優質溫潤能將春筍的苦澀味溫柔包覆起來。能與多樣化的食材相互輔佐正是這款酒的獨特魅力。其他可搭配鮮魚Carpaccio、山菜浸物或天婦羅等。

純米大吟釀備前雄町100%

純米大吟釀備前雄町100% |
Junmai Daiginjo Bizen Omachi 100%

· 精米步合 50%
· 適飲溫度 冷飲 溫飲
· 香氣類型 花果般的香氣 原物料香氣
· 酒體 厚實
· 建議售價 $$

百分之百使用雄町米，並將其精磨至50%，是酒造具代表性的純米大吟釀。雄町特有的沉穩吟釀香氣中飄逸出自然輕柔的果香，感覺非常舒暢。自然的酸味與米的旨味非常調和，飽和的酒體口感雖然輕快，但味道具深度感，也是新加坡航空提供商務艙及頭等艙的酒款。從冷酒到溫酒都很推薦。

適合搭配綜合生魚片、富含旨味的鯛魚、油脂優良的鮪魚與甜度伴隨咀嚼頻率慢慢出現的明蝦，還有汆燙竹筍等。以酒搭餐完全不受干擾，甚至能感受到不同食材在口中與酒的酸味及旨味相遇後產生的不同表現，屬於絕對的相乘效果。

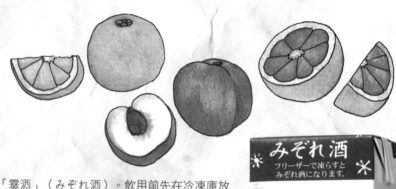

純米吟醸霙酒

純米吟醸みぞれ酒｜
Junmai Ginjo Mizore Sake

· 精米步合 60%
· 適飲溫度 凍飲 冷飲
· 香氣類型 原物料香氣
· 酒體 輕酒體
· 建議售價 $

Sake
最適合悶熱夏季飲用的「霙酒」（みぞれ酒）。飲用前先在冷凍庫放置10個小時，並將酒杯加以冰鎮。酒一接觸到酒杯，瞬間呈現細緻雪花的狀態。與當季水果或是果汁混合飲用，就像雞尾酒一樣。這款是希望日本酒能對應不同場合的新提案，讓平常不太接觸日本酒的人也能有近距離的接觸。酒進入口中後，瞬間融化，感覺非常涼爽。

Ryouri
如雪花狀態的酒，帶來清涼感與像是冰沙的口感，與水果非常搭配。搭配酸味強烈的水果，可以享受清爽、俐落的感覺。搭配甜味感較強的水果，在享受甜味之餘，也會帶來俐落感，讓口中清爽舒暢。特別適合搭配甜味濃郁的罐裝或是瓶裝水果。

純米吟醸傳承山廢

純米吟醸伝承山廃｜
Junmai Ginjo Densho
Yamahai

· 精米步合 60%
· 適飲溫度 溫飲 熱飲
· 香氣類型 原物料香氣
· 酒體 厚實
· 建議售價 $

Sake
承襲古法，酒母製成時間為30小時，是一般酒款一倍以上。此酒的口感非常細緻，可以感受到山廢釀造特有優酪乳的酸味，入喉後乾淨俐落。從溫飲到熱飲，口感變得更加溫潤、複雜，酸味更加柔順，酒的複雜旨味也更加深奧，口感柔順，帶給飲用者心情舒暢、放鬆的感覺。

Ryouri
冷酒搭配鱉與松露的茶碗蒸，品嘗這款酒原有的酸味。黑松露的香氣餘韻綿長，與酒的酸味相乘，變為旨味，且產生俐落感，更加促進食慾。溫酒搭配燒烤山椒鴨肉，旨味明顯的鴨肉油脂與溫酒相遇後，帶來溫潤的酸味與豐厚複雜的味道。鴨肉經過適度的咀嚼，旨味更加延展，讓人不自覺想多喝幾口酒。之後油脂感會漸漸消失，旨味提升，兩者是絕佳的組合。其他也可搭配肉類料理、醬風串燒等。

純米吟釀祝100%

純米吟釀祝100% | Junmai Ginjo Iwai 100%

- ·精米步合 60%
- ·適飲溫度 冷飲 常溫
- ·香氣類型 花果般的香氣
- ·酒體 中酒體
- ·建議售價 $

Sake 在消失近20年後，由當地熱心農家與政府單位協助成功復育的京都產酒米「祝」所釀造。沉穩的吟釀香氣，呼應了京都給人的沉穩感。味道淡麗，但絕非無味，而是酒體的天然酸味與旨味所呈現出極具均衡感的柔順雅緻口感。

Ryouri 搭配筍子、鮑魚與海帶芽涮涮鍋。溫熱細緻的高湯和鮑魚的海潮感，與酸味自然的這款酒非常相配。若是搭配個性過於鮮明的酒款，難品嘗出高湯的香氣和鮑魚昆布的美味。這款酒口感淡麗，但是溫和順口，餘韻俐落，可以確實品嘗出料理與食材的美味。其他可搭配貝類、奶油乳酪或西式料理等。

純米吟釀特撰辛口

純米吟釀特撰辛口 | Junmai Ginjo Tokusen Karakuchi

- ·精米步合 60%
- ·適飲溫度 冷飲 常溫 溫飲
- ·香氣類型 花果般的香氣 原物料香氣
- ·酒體 輕酒體
- ·建議售價 $

Sake 集結玉乃光的釀酒技術，釀製出具有吟釀高雅風味的上等辛口酒。含入口中富有存在感的辛口滋味逐漸擴散，和天然的酸味融合為爽快的口感，餘韻帶出優雅的米香。是款冬天可溫熱飲用、夏天可冷飲，十分具深度的一款佳酒。

Ryouri 酒體的潔淨感與具銳利的尾韻，適合搭配油脂豐富的紅肉生魚片、天婦羅及壽司等。軟水所帶出的柔雅酒體能與食材本身的旨味融合，銳利豪爽的dry感也能給予口腔適度的洗滌作用。另外也可以搭配京都家常的盆菜或是生湯葉（生腐皮）等料理。

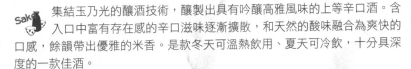

近畿地方 奈良縣 日本的世界遺產之鄉

奈良縣被聯合國教科文組織列入世界遺產的紀錄居日本第一，有很多地方值得造訪。酒造所在的葛城市位於奈良縣的中西部，緊鄰大阪府，屬於農村地帶。當地的二輪菊產量是日本第一。奈良的特色美食為：飛鳥紅寶石品種草莓、大和茶、手工拉長素麵、奈良漬、鄉土料理柿葉壽司等，以及非常親民的大眾料理茶粥（ちゃがゆ）與高菜葉壽司（めはり壽司）。

● 墨、筆

全日本95%的墨來自於奈良縣。

● 茶道中不可或缺的「茶刷」

高山位於生駒市的最北部，是茶刷的發源地。高山地區的茶刷生產量占全日本90%，有「茶刷故鄉」之稱。

● 法隆寺

位於奈良縣西北部的生駒郡斑鳩町，是聖德宗的總本山，又稱斑鳩寺。是世界現存最古老的木造結構建築。1993年列為聯合國教科文組織之世界文化遺產。

● 奈良公園

包括春日山、若草山、興福寺、東大寺及春日大社等，常常可以看到遊客用鹿仙貝餵食鹿的景象。

● 興福寺國寶館

天平樣式建築，收集從奈良到江戶各個時代的佛像及繪畫，傳遞1,300多年來的歷史與傳統，其中大部分是國寶或是國家重要文化財產。

● 平城宮古蹟

西元710年後成為首都的平城宮，曾經是日本的政治、經濟及文化中心，至今還留有過去繁華的景象。

● 谷瀬吊橋

是日本屈指可數的鐵橋，在1954年由當地居民出資興建，也是日本最長的吊橋。

茶刷（茶筅）。

梅乃宿酒造
傳統與革新並進

梅乃宿創立於1893年，之前以釀造燒酎及味醂為主。從本家繼承釀酒事業後，開始釀造日本酒。據說在酒造的腹地裡，有一顆樹齡300多年的白梅樹，附近的黃鶯喜歡飛到樹上棲息，因為擁有黃鶯棲息之梅樹，因此將酒造命名為梅乃宿。2013年，酒造創立滿120年，由長女吉田佳代承繼，成為「梅乃宿」的第五代，以「創造出新日本酒文化」為主題，期許在維護傳統的原則下，能繼續釀造出感動人心的日本酒。

多元化的產品發展

在奈良地區，梅乃宿是少數完全自社精米的酒造之一。看著永遠都是滿格的精米行程表，能感受到人氣的背後所需付出的心力，這裡的釀造期屬於較長的7個月，目前可供進行釀造的釀造槽共有96個，以2天釀造一個酒槽的速度進行中，希望未來能在確保品質的情況下，在冬季的釀造期裡將部分的日本酒，以一天釀造一個酒槽的速度增加生產量，為了達成這個目標，酒造正處於摸索時期。由於完全自

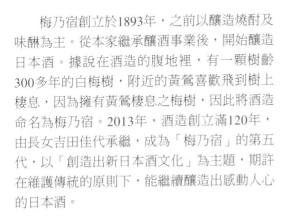

笑容燦爛且行動力強的吉田社長。

社精米會產生大量的米糠,為了讓米糠可以再利用,會送到米油生產公司進行再利用。米糠中含有純淨的油脂,可以萃取出米糠油,因為營養成分高,也可以用來醃製漬物,還可以運用在醫藥上,例如與漢方藥草配合製成藥品。

梅乃宿除了生產日本酒,同時也生產許多不同風味的利口酒,是相當具人氣的品項,年產量高達3,000石。日本酒與利口酒保存於不同的地點,保存溫度設定依據味道的熟成狀況進行調整,目前有4個不同溫度設定的保存室。酒造的開發部門扮演新商品的開發與現有商品味道維護的重要角色,是酒造中不可或缺的重要團隊。開發部門成立於4年前,酒造的吉田社長提到:因為前幾代社長的遠見,已為

酒造未來的發展做好各種準備。酒造中的釀酒槽,放置在大型冷藏庫中,等於是在一間大冷藏庫裡工作,這是其他酒造相當少見的,優點在於進行熟成需較長的時間,這樣的裝置相當有利於溫度上的控管。

以「酒的傳道者」為期許

每個人的體溫不同,洗米方式也有差異,洗米狀態、溫度及安定度不佳,也會影響到米的品質。為了讓米的品質安定,酒造使用的洗米機能以細微的泡沫進行輕柔的洗淨作業。在蒸米的作業上,一般的酒造通常為了隔天作業方便,前一天就把洗好的米放入稱為「甑」的蒸米釜鍋中,但是這樣在蒸米作業開始進行後,會發生受熱不均的情況。為了避免發生

代表傳統與革新的山香、風香系列。

吉田社長

吉田社長展現出許多女性的細膩特質讓我感到欽佩,雖然都是一些小事,但我相信能確切執行的人並不多,這也讓我回想起在修習料理時,恩師與前輩所叮嚀我對客人應有的負責態度——不是菜有多好吃,而是對乾淨的基本要求。

這樣的情況，酒造採用「抽氣，入米（抜け掛け）」的方式，指在空甑時先讓蒸氣運作，視蒸氣的強弱情況，將米分批放入甑中。如此作業方式需要耗費大量的時間，但也由於米的受熱均勻，可以獲得品質良好的蒸米。進行小量釀製時，會先在的甑中放入假米粒，再放入生米。主要是為了避免高溫的蒸氣對少量米所產生的熱害。每次將米放入甑時，透白的煙裊裊升起，形成一個富神祕感的景象。另外，酒造利用Air Shooter運送米，必須確保空氣的潔淨，因此設置其他酒造少見的空氣清淨裝置於空氣出口處。

釀造過程中會使用許多的棉布，社長除了堅持用完後馬上清洗外，還會再利用機器確保完全烘乾後才供下次使用。米粒散熱機內的輸送網空隙相當容易卡米，必須透過人工一顆顆把米取出，並且徹底清掃，才能保持乾淨。清洗後再多一層乾燥的要求也的確落實了「乾」、「淨」的基本原則。

吉田社長從各種不同的觀點，認真思考10年後酒造應有的姿態。社長認為，守護傳統很重要，但是配合時代潮流來釀造酒也相當重要。在梅乃宿裡，無論藏人還是員工，都扮演「酒的傳道者」的角色，謹記這樣的信念與酒持續相互交流，酒造也給予年輕藏人相當大的

（上）負責製麴的女性麴師在業界也是相當罕見。
（下）出瓶前嚴格把關。

發展空間，在沒有杜氏的介入指導下，有機會可以挑戰釀造心目中美味的日本酒。

為了紀念開業120周年，以傳統與革新作為主題，開發出山香與風香兩個系列酒款。山香是傳統的味道，這個系列的特徵在於熟成，展現調和酒具備的優點，以及職人的技術。山香長期以來始終是守護梅乃宿傳統味道的日本酒。風香則是革新的味道，這個新的構想，是希望一整年都可以喝到猶如剛壓搾後的新鮮味道。這款酒經過壓搾後立即裝瓶，儲藏在−8℃的溫度中熟成，可品嘗到如同新酒般的香氣與餘韻潔淨的美味，表現出革新與嶄新日本酒文化。

酒造杜氏北場先生（屬南部杜氏）。

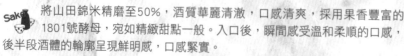

風香純米大吟釀

風香純米大吟釀 | Fuka Junmai Daiginjo

· 精米步合 50%
· 適飲溫度 冷飲
· 香氣類型 花果般的香氣
· 酒體 中酒體
· 建議售價 $$

Sake 將山田錦米精磨至50%，酒質華麗清澈，口感清爽，採用果香豐富的
1801號酵母，宛如精緻甜點一般。入口後，瞬間感受溫和柔順的口感，
後半段酒體的輪廓呈現鮮明感，口感緊實。

Ryouri 在開始用餐的時候，香氣華麗的日本酒，搭配味道清淡的章魚或是竹筍
等料理，除了增添香氣的表現外，清雅的酒體能輔佐食材的口感表現，
並帶出季節食材才有的淡雅旨味。醋飯米的甜味，和輕柔的酸味，與酒中米的
甜味和酸味，有著絕妙的調和。由於尾韻潔淨俐落，適合用來搭配多道前菜。
個性鮮明的鯖魚，腥味被酒體完整包覆起來，只剩下豐富的旨味，口感更為圓
潤，酒食相互調和，口中產生意外的清爽感。

風香純米吟釀

風香純米吟釀 | Fuka Junmai Ginjo

· 精米步合 60 %
· 適飲溫度 冷飲
· 香氣類型 花果般的香氣
· 酒體 中酒體
· 建議售價 $

Sake 百分之百備前雄町米，精米步合60%，使用901號酵母，香氣清新
帶有果香，非常順口。酒體則表現出備前雄町具有的dry感與印象
感，餘韻芳醇。溫度上昇後，複雜的旨味隨之擴散，適合搭配各種不同的
料理及食材。

Ryouri 高湯玉子燒與此款酒同樣具有柔順優雅的風味。兩者相遇，首先
呈現酒的華麗香氣，之後高湯的美味接踵而來，當蛋黃的豐郁感
在口中延展時，酒深奧的口感更突顯玉子燒的美味。天婦羅屬於油炸類料
理，食用後口中通常會變得油膩，但是備前雄町的酸味與辛口口感巧妙的
去除口中殘存的油脂。

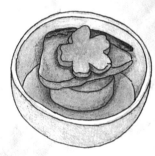

風香純米

風香純米 | Fuka Junmai

· 精米步合 65%
· 適飲溫度 冷飲 常溫 溫飲
· 香氣類型 原物料香氣
· 酒體 中酒體
· 建議售價 $

Saki — 百分之百使用酒米山田錦，精米步合65%，魅力在於新鮮的口感。稻米的香甜與微辛口感直率滑過舌尖，口感輕爽，容易親近。

Ryouri — 搭配燉煮鰤魚白蘿蔔，鰤魚的油脂經過燉煮後的甘甜醬汁滲透入白蘿蔔中，與此款酒本身的新鮮辛口感及米的甜味相遇後，產生滿滿的幸福感。鰤魚油脂圓潤美味，搭配此酒明顯感覺到與料理較勁的活力，不僅不油膩，反而令人耳目一新。其他可搭配牡蠣土手鍋、秋刀魚料理、粕漬燒等。

山香純米大吟釀

山香純米大吟釀 | Sanka Junmai Daiginjo

· 精米步合 40%
· 適飲溫度 冷飲 常溫
· 香氣類型 原物料香氣
· 酒體 厚實
· 建議售價 $$$

Saki — 百分之百使用酒米備前雄町米，精米步合40%，是梅乃宿相當有自信的酒款。備前雄町就是梅乃宿的傳統酒米。酒的米香氣柔順安定，可以充分品嘗到酒體的力道與米的膨脹感。

Ryouri — 昆醃鯛魚（鯛の昆布締め）以醃漬的料理法讓鯛魚充分吸收昆布富含豐富礦物質及麩胺酸的美味，與備前雄町的酸味，和米的膨脹感，是絕佳的搭配。（註：昆布締め[Konbushime]指的是先將鹽巴撒至新鮮魚肉上，將魚肉多餘的水分釋出，再以昆布將魚肉包緊，經過一夜的醃漬，昆布的天然美味會被魚肉吸收。）

山香純米吟釀

山香純米吟釀｜Sanka Junmai Ginjo

· 精米步合 60%
· 適飲溫度 冷飲 常溫 溫飲
· 香氣類型 原物料香氣
· 酒體 中酒體
· 建議售價 $

Sake 使用山田錦米與曙米，精米步合60%。香氣高雅沉穩，帶有酸甜苦澀辛的多元表現，酒體的穩健平衡感帶出不膩口的特性。魅力在於與各種料理都可以搭配。飲用溫度從冷飲到溫飲都非常推薦。

Ryouri 適合搭配有季節性的纖細食材。此款酒所呈現出的苦澀味，與春季竹筍具有的土澀味互相抵銷，產生的反而是食材與酒的旨味表現，令人感到相當平靜和諧。溫飲也別有一番風味。其他可搭配鯛魚茶泡飯、胡麻豆腐涼拌野菜、酒蒸蛤蠣等。

山香本釀造

山香本釀造｜Sanka Honjozo

· 精米步合 65%
· 適飲溫度 常溫 溫飲 熱飲
· 香氣類型 原物料香氣
· 酒體 輕酒體
· 建議售價 $

Sake 使用酒米「山田錦」與米種「曙」，酒質展現出親和感的魅力，猶如家人般存在，據說也是藏人們晚餐小酌時喜歡飲用的酒款。溫和香氣與適當的旨味，喝起來不會有負擔，是梅乃宿的招牌酒款。從常溫到溫飲都非常推薦。

Ryouri 鹽麴牛肉，重點在於鹽麴中的鹽味，呈現出與日本酒相同為發酵食品的自然美味表現。無論是脂肪較多的肉，或是味道清淡的白肉魚，使用鹽麴都可以更加引出食材的美味。與此酒在口中柔和、服貼的表現，展現出不生衝突的搭配。建議常溫或是溫熱，口感更為柔順。其他可搭配壽喜燒、味噌燒或鍋類料理。

九州北部 山口縣 享樂溫泉美食

©山口縣Photo素材集

山口縣位於本州的最西邊，擁有長達1,500公里的海岸線，也是溫泉勝地，因為三面環海，可品嘗到河豚等美味海鮮。此地聞名美食：各種河豚料理、當地必吃No.1的瓦上蕎麥麵、鄉土料理周防大島的蜜柑火鍋、高森牛等料理，以及適合搭配啤酒的魚肉可樂餅、夏季的蜜柑，還有當地最高級的土雞——長州黑雞肉。

● 下關的嚴流島

是一座無人島，正式名稱為船島，因宮本武藏與佐佐木小次郎在此決鬥而聞名。

● 川棚溫泉、湯浴溫泉等

山谷靜謐的溫泉，或眺望海洋、品嘗美味料理，或享受足湯樂趣，或充滿懷舊風，或感受絕佳療效……根據水質及地區的不同，這裡的溫泉各有特色，總數更超過50個。

● 觀光洞穴

日本最大的石灰岩地形，包括秋吉台、秋芳洞及景清洞。

● 萩城遺址及城下町

別名為指月城，已被指定為古蹟。

● 琉璃光寺五重塔

位於山口縣香山町曹洞宗的寺院。以國寶五重塔為中心，寺院內又稱為香山公園，是賞櫻及賞梅的名所。

● 萩燒（陶器）

以陶器茶具聞名，特別是在長門市燒製的「萩燒」稱為「深川萩」。

● 賽維爾（Xavier）紀念教堂

天主教廣島教區的教堂。

● 唐戶市場

有「關門海峽廚房」之稱，販賣包括河豚、鯛魚及鰤魚等新鮮漁獲，也有農產品直營店，此地可以更深入了解當地民眾的飲食生活。

宇部祭。©山口縣產業振興部

永山本家酒造場
獨特水風土條件的餐中酒

　　永山本家的母屋為西式風格建築,從1888年起成為保線村的村辦公室。永山本家的酒,釀造用水是日本酒造中較為少見的中硬水,是由宇部市經由石灰岩地形的秋吉台所湧出的霜降山天然水,因為含有較多的礦物質,因此釀造出的酒質口味具體,具有輪廓及爽潔的酒質,相當適合做為餐中酒飲用。永山貴博社長也是偏好這樣的水質,很慶幸自家釀造用水能有如此的特性。身為美食愛好者的他,曾受國外教育洗禮及葡萄酒文化的影響,正悄悄地在日本酒文化裡,開拓出被認為是近年來最受到矚目的佐餐「Fine Sake」。許多人形容永山的酒質就像是日本酒版的普里尼蒙哈謝(Pulingy Montrachet)與夏布利(Chablis)般的個性。

　　永山社長用「水的Terroir(風土)」來形容自家的釀造用水。Terroir是由法文中terre(土地)這個字延伸而來。最早用來描述葡萄酒品種生長環境的地理、地勢及氣候等特徵。相同地區的農地因為土壤、氣候、地形及農業技術等條件相同,產出的作物具有相同個性。舉例來說,靜岡縣的水質因鈣含量少,會感覺酒質呈現潔淨柔軟。具地方風格的在地味正是永山本家希望能傳達的信念。因此,以永山貴博社長名字中的「貴」字所設計出的系列酒

位於酒造前的厚東川，水質與酒造用水相同的中硬水，也是自家栽培米的灌溉用水。

款，正是以地方區域特質為目標而開發。希望大家對日本酒的認識，能夠與同為釀造類的葡萄酒一樣。正因日本酒是屬於高價、纖細的飲品，更需要侍酒師的協助來傳達酒文化與品飲特質。

親自栽培釀造酒稻米

以前大部分酒造使用的酒米，都是請農家進行栽培。製造原料是非常重要的事，因此會要求農家依照自己想要釀造的酒，進行酒米的栽培。但是米的栽培與酒的釀造，是完全不同

的領域，雙方很難達成共識。最好的解決方式，就是釀造者學習有關稻米栽培的知識，充分瞭解農家的困難點，一起找出解決方法。唯有透過雙方的相互理解，對話才能真正開始。另外，酒造本身透過稻米栽培，更加認識原料米，也理解到農家與酒造是屬於不可分的命運共同體。自家栽培山田錦米，今年已邁入第14年。自己栽培酒米的好處，是瞭解米和天氣的狀況，遇到問題可以盡早調整，想出應對的方法。

永山社長擁有相當多跟米有關的經驗及知識，每年都會鉅細靡遺地記錄下氣候及稻米的狀況進行研究，再根據匯集的資料，思考這個地區或是酒造最適合什麼樣的條件。例如：根據研究資料，山田錦需要日間暖和、夜間寒冷的生長環境。酒造所處的地區自9月上旬到10月收成為止，氣溫若維持在20～23℃左右，可收成到品質良好的米。若溫度超過25℃，米會因為高溫變硬，一般認為與稻米彈性有關的支鏈澱粉（Amylopectin）變硬所造成。

根據米在發酵過程時的融解狀況資料，例如：在2007～2013年的資料中，2007年酒粕的比率是52.7％，米有一半以上成為酒粕（在發酵過程中沒有融解的米），因此釀造出的酒偏辛口，並不美味。而2010年酒粕的比率是40.3％，釀造出酒質潔淨的風格。當然依據不同地區條件或是釀造方式的不同，結果也不同。但這告訴我們在相同釀造法的條件下，酒質也會因為原料的狀況與天候的影響而有不同的味道表現。

自家山田錦秧苗。

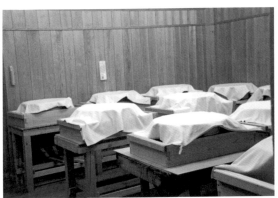

酒造全數採小量製麴。

「貴」的風土哲學

日本酒的釀造技術極為複雜，而現在正屬於日本酒界世代交替的重要階段，在維護傳統的同時，如何注入符合這個世代的商品概念，是現今大多酒造所面臨的課題。傳統的調和技術可稱為是日本酒的工藝表現，依據不同年分的酒質調配出穩定且相同的美味表現，這是大多日本酒消費者所期盼的商品性質。但在眾多商品之中，近年來也慢慢出現以自然的味道呈現出該釀造年的風格酒款，所謂的自然指的是沒有經調和過程的酒款。這似乎有著接近我們印象中的葡萄酒釀造概念，在酒造風格相同的前提之下，能品味出該年度的風土個性。或許在不久的未來，能道出某年的釀造年度為好的年分等話語，也會出現在愛好日本酒的你我之間。而永山正是積極朝向自然釀造的代表之一。

「Think globally, act locally.」是永山的哲學。為了使麴菌更加安定，永山全數使用小的麴箱製麴，以方便作細膩的調整。負責製麴的人，要仔細觀察麴的變化，從熟米經過糖化後成為麴米的過程都需相當小心。為了符合市場需求，一家酒造會釀造出多款的酒，然而永山思考的是，如何將具有自家風格的商品介紹給消費者，並獲得消費者的喜愛。若是酒造使用相同的酵母、水及米等原料，只要改變釀造方式，就能創造出以相同個性為出發點的各類商品，表現出象徵自家酒造的特色及當地風土的特徵，這正是永山社長精心創造出的Terroir。

永山的商品基本上都屬於瓶貯藏熟成法，

酒造前的自家栽培米農地。

採以一次低溫加熱殺菌後裝入瓶內，在溫度控管的冷藏庫內待其熟成。採一次火入（低溫加熱殺菌的釀造工程專有名詞）與兩次火入的最大差異就在於新鮮感的表現方式與酵素所呈現出的美味感，兩者各有特色。簡單來說，就如同壽司店的海鮮般，由水槽內現宰的活魚壽司呈現出的是新鮮的脆感與清爽的表現，而同款魚經由放血後在適當的溫度待與熟成，所呈現出的是食材本身的柔軟與甜味表現。永山對自家商品所希望呈現出的是極致的配角角色，在佐餐時不僅能襯托出主角食物的特色，更能作為在單飲時也能獨當一面的內涵酒款。

精米步合

談到對精米步合的看法，永山社長認為低精米步合的酒款固然美味，但大多的酒款都需要經過半年，甚至2年以上的熟成後味道才能夠如此的圓潤。也因此除了注重標示上的出瓶日外，更應該重視釀造的年分，讓消費者能更加瞭解到日本酒的釀造價值。至於精米步合高的商品也有其魅力所在，就好比近年來受到矚目的全麥麵包般，能品味出最原始的穀物美味與健康的概念。高精米步合的酒款商品亦是如此。

第五代社長永山貴博先生。

貴 濃醇辛口純米酒

貴 濃醇辛口純米酒 |
Taka Noujun Karakuchi Junmai-shu

· 精米步合 80 %
· 適飲溫度 冷飲 常溫 溫飲
· 香氣類型 原物料香氣
· 酒體 中酒體
· 建議售價 $

Sake 重視米的旨味，口感俐落的辛口酒款。口感在輕快之中能感受到紮實的味道表現。香氣似麻糬般的柔和甜香，是一款冷飲能大口喝出豪邁的 dry 感，溫飲能品味出柔和的酒款。

Ryouri 搭配河豚壽司。河豚以微帶厚度的切法呈現，因為具有嚼勁，咀嚼後，與醋飯一起呈現出美味和甜味，此酒能延續口中甜味的表現，完全展現出輔佐料理的特質。另外可搭配河豚唐揚（油炸），油與米的芳醇也是非常協調，因此也適合搭配中華料理。

貴 特別純米60

貴 特別純米 | Taka Tokubetsu Junmai

· 精米步合 60%
· 適飲溫度 冷飲 常溫 溫飲
· 香氣類型 花果般的香氣 原物料香氣
· 酒體 輕酒體
· 建議售價 $

Sake 柔和的草本香氣中能感受到如澄淨流動的優雅香氣。味道屬於輪廓鮮明的淡麗辛口，酸味適切呈現出銳利的餘韻感。溫飲能感受到米的溫和旨味。

Ryouri 虎河豚刺身的味道極為高雅、細緻，與此酒搭配，輕快淡麗的酒質絲毫不會影響河豚刺身的美味。酒質舒暢的 dry 感更讓河豚特有的魚腥味全無殘留。每每品嘗河豚刺身，就想要品嘗一口酒。另外也可搭配其他白肉魚、章魚、烏賊，或是富含湯汁的關東煮、生蠔等料理。

貴 山廢純米大吟釀

貴 山廃純米大吟釀｜
Taka Yamahai Junmai Daiginjo

· 精米步合 40%
· 適飲溫度 冷飲 常溫 溫飲
· 香氣類型 花果般的香氣 原物料香氣
· 酒體 中酒體
· 建議售價 $$$

Sake 帶有酸甜味道的乳酸口感舒暢，是一款經過5年時間構想釀製而成的逸品。因為經過3年半熟成時間，味道柔順，旨味輕柔高雅，口感輕快柔順，卻具深度。香氣由剛開瓶的穀物香氣慢慢地轉為熟果香的風格，隨著醒酒的時間而變化出的不同香氣與美味，令人驚豔。（為年產850瓶的限定品）

Ryouri 河豚經加熱烹調後展現出甜味感，以火鍋的方式呈現，能同時享受魚肉，魚唇及魚皮等不同口感的樂趣，高湯也因續煮而呈現出濃縮感的美味，可說是河豚全餐的經典。圓潤滑順的日本酒內在表現，自然融入味道簡單、有溫度的河豚鍋味道中。山廢酒款的酸味與佐料柚醋給予食材醒醐味交互融合，有種好酒好食陳甕底的表現。也可搭配牡蠣鍋、蒸魚料理或是河豚白子料理。

貴 純米吟釀雄町

貴 純米吟釀雄町｜
Taka Junmai Ginjo Omachi

· 精米步合 50 %
· 適飲溫度 冷飲 常溫 溫飲
· 香氣類型 原物料香氣
· 酒體 厚實
· 建議售價 $$

Sake 旨味與酸味非常均衡的一款酒。因為是在酵母仍處於活動狀態之下進行壓搾，味道清爽，入喉後的酸味潔淨俐落。隨著溫度的提升，雄町米具有的旨味特質延展，厚實與深度的表現令人回味。

Ryouri 具彈力的河豚肉經油炸後更顯Q彈，河豚肉以醬汁醃漬後沾粉油炸，皮脆肉嫩美味，啃著骨邊肉更添醒醐味。附著在河豚麵衣上的油，與雄町的酸味、旨味都非常搭配。酸味去除油質帶來的厚重感，並且旨味增加，也可搭配乳酪、白燒鰻魚與紅燒魚。

貴 純米吟釀山田錦50

貴 純米吟釀山田錦50｜
Taka Junmai Ginjo Yamada Nishiki

· 精米步合 50%
· 適飲溫度 冷飲 常溫
· 香氣類型 花果般的香氣
· 酒體 中酒體
· 建議售價 $$

Sake 以酒造親自栽培的山田錦米為原料釀造，是有所堅持的一支酒款，可以品嘗到山田錦本身具有的豐富味道與柔和旨味。雖然是吟釀酒，但強調於米的味道，與米具有的透潔表現。常溫飲用也很美味。

Ryouri 與味道濃郁充滿奶香的烤河豚白子搭配，可以品嘗到米的旨味，與此酒非常搭配。芳醇的日本酒體，撐起白子帶有黏稠感的濃厚味，相乘效果下更添美味。通常烤白子以熱燙的溫度提供，建議酒可以常溫搭配，兩者在溫度調和下，口感更加柔順。另外也可搭配燉煮蔬菜。

餐搭設計協力：湯の宿‧味の宿 梅乃屋（Umenoya）／+8183-922-0051／山口県山口市湯田溫泉4-3-19

久留米市 豚骨拉麵的發源地

九州北部

久留米市位於福岡南部筑後地區，是豚骨拉麵的發源地。米、水與氣候都適合釀造日本酒，因此為日本三大銘酒產地之一，酒造數位居全國第三。在此處可輕鬆品嘗美食，首推兩種不同流派的鰻魚料理，各自以祕製醬汁相互較勁。還有可以在屋形船上品嘗剛捕獲的沙丁魚料理。風味獨特且口感濃郁的久留米拉麵更是九州拉麵的始祖；市區有超過200家的燒烤店，久留米燒烤也是人氣必嘗的料理之一，還有筑後烏龍麵也不容錯過。

● 久留米絣（かすり）

棉織品，以藍染為主。用分別染成藍色及白色的線，在藍色底調的棉布上織出花紋，與「伊予絣」及「備後絣」並列為日本三大棉織品。

● 久留米藍胎漆器

從江戶時代流傳到現代的傳統漆器。藍是竹籠的意思，藍胎漆器是指用竹子編製的漆器。謹慎使用的話，壽命據說可達10年以上。

● 北野天滿宮

主要祭祀日本的學問之神菅原道真。

● 片瀨溫泉

河童傳說及水果的故鄉，就是久留米市田主丸町。田主丸町是被九州第一大河筑後川所環繞的小小溫泉鄉，同時也是筑後川裡香魚的故鄉。

● 葡萄採收

除了巨峰，還栽培許多不同品種的葡萄。田主丸町共有62家可以享受採收葡萄樂趣的觀光葡萄園。

北野天滿宮。

山口酒造場
用大自然素材釀成的酒

久留米市是一個具有千年歷史的古城。此地的天滿宮，是祭祀學問之神菅原道真的神社。天滿宮位於整個城市的正面，據說當時如果做了不好的事，沒有臉見神明，會被驅逐出城。山口酒造在180年以前開始釀造敬神用酒。日本酒最早是用來貢獻給神明，但是在祭祀後也不能隨意丟棄，所以開始被人們飲用，據說這也是飲酒的由來。

均衡俐落的酸味表現

「25年前，我的父親決定停止大量生產，轉而專門釀造純米吟釀酒。由於當時的酒藏數多，競爭又相當激烈，年產量曾高達好幾千石」，第十一代的山口哲生社長娓娓道來。在昭和30年左右，灘（兵庫縣盛產清酒區域）及大型酒造等開始從事「桶賣」，當時庭之鶯的年間總生產量高達8,000石，但與大型酒造進行買賣獲利卻不好，借款金額年年增加。當時第十代山口尚澤社長甚至考慮關閉酒造，但是他很想讓大家品嘗所謂心目中的美酒，同時也抱著最後一搏的決心，舉辦以酒造剛壓搾完成的最佳純米原酒為主題的「新酒之會」，獲得極大迴響。2天內湧進多達2萬多人，人潮過多還造成酒造的地板下陷。

經由這樣的經驗，他深刻體會品質與流通管理的重要，決定停止桶賣事業，轉以美味純米酒為中心的釀造事業。為了能夠讓酒與福岡豐富的地區食材產生交集，酒造決定以搭餐之餘會令人想要再來一杯的酒為釀造理念。搭餐的要點，在於酸味的表現。記得在我小時候，大多日式料理提供的酒款屬於料理酒，父親常道：酒溫熱一點啊！現在才意識到酒不夠熱，雜味會呈現銳利的表現，應該很不好喝（因為當時還小，只覺得臭臭的）。舊年代的日本酒講究純淨感，盡量掩蓋酸味，直到近年來適合搭餐的酒款概念才漸漸受到矚目。適當的酸味能和緩酒中散發出過多甜味與旨味，並且輔佐

料理，讓食材的鮮甜味更加明顯。「單喝不膩口，搭餐提鮮味」的概念，正是這個年代的指標酒款。

日本酒的酸味表現有許多種：清爽的酸、溫柔的酸、強烈的酸、雜味的酸等，不是所有酸味都能表現美味，因此均衡俐落的酸味表現，是庭之鶯能有眾多愛護者的主要原因之一。山口社長說到：「能有適度的酸味表現，是因為我們在洗米與製麴的階段下足了功夫。」日本酒的釀造，必須讓好的微生物發揮特色，抑制不好的微生物滋長，從中取得酒質最佳的平衡，一直以來這都是釀造學的一大課題。

用大自然素材釀造而成的酒

山口酒造場的釀造用水，是九州第一大河筑後川的伏流水，屬於滑順美味的軟水水質，也因此吸引樹鶯飛至酒造庭院覓水休息，因而將酒款命名為「庭之鶯」。至於釀造用米，目前基本上使用的是當地生產的酒米——酒造好

非常紳士的第十一代山口社長。

適米山田錦與福岡縣開發的夢一獻。因為使用當地的水和酒米，釀造出的酒與當地食材會更容易搭配。山口社長提到：「因為原料豐富，能在福岡釀造日本酒是非常幸福的。」米的清洗則交由洗米機，依照米的軟硬度作適當調整，如硬米的五百萬石及軟米的山田錦等。洗米機利用泡沫的衝擊徹底去除米糠與雜質，透過壓力與浸漬過程，再利用真空吸力去除水分。酒米浸漬時間會直接影響蒸米的品質，若吸水過多，蒸好的米會呈現過軟的狀態，不利於釀造，得由杜氏判斷調整適當的吸水率。

依據地區不同，蒸氣帶來的壓力也會有所差異。為了讓蒸熟的米可以達到外硬內軟的狀態，蒸氣的壓力能釋放出超過100℃以上的熱氣是非常重要的，這是讓酒造好適米達到外硬內軟狀態所不可或缺的要點。看似簡單的作

酒造的母屋。

可遇不可求的活跳素魚醋物。

樹鶯站姿方向裡的祕密，你發現了嗎？

業，若是在此躊躇不前，就無法進行下一個作業，為了讓蒸米達到最理想的狀態，這項作業也集結許多高度的技術。釀酒過程中用來促使發酵的酵母，基本上使用協會九號酵母，但使用九號酵母在這個酒藏裡呈現出偏向辛口及甜味較少的風味，一直無法釀造出第十一代社長要求的味道，因此嘗試將九號酵母與自社所培育的酵母混合使用後，能讓酒質互取特性，達到所想表達的溫潤酒質。

九州北部即使在寒冷的冬季，清晨氣溫約在0℃上下，白天大概在10℃左右，是非常適合釀造酒的環境。由於水不會凍結，所以不需要特別進行保溫作業，這樣的氣溫，可以讓釀造工程在非常自然的環境下進行發酵。在進行發酵作業時也只需利用門的開關，進行溫度的調節，例如：要讓醪的發酵活動緩慢進行時，就將門打開，讓冷空氣進入酒造中。利用大自然力量進行溫度的調節，或許這也是庭之鶯酒款能在味道上表現出如此自然風味的原因之一。

酒造的熟成方式採取瓶內熟成的瓶貯藏法，而非酒槽熟成法，在經壓搾過濾後經由一次低溫加熱殺菌後裝瓶，並放置於低溫儲藏室中進行熟成，這概念與葡萄酒相似。在隔絕空氣與低溫的情況下，酵素活動力屬於較緩慢的運作模式，以時間換取美味的溫醇融合表現。此外，因為特別使用了柔軟的酒米，希望可以呈現出特有的新鮮感，因此減少了加熱殺菌的次數。若是進行兩次的加熱殺菌，原來的特徵就會消失殆盡。

「天下御免」梅酒之家

酒造另一個強項非梅酒莫屬，第十一代山口社長的母親出身於盛產梅子的大山町，對於選梅與梅酒釀造有著獨特的祖傳配方。受到區域文化的影響，福岡地區的利口酒底採用的是由酒粕再進行加工蒸餾而成的粕燒酎，相較於一般的蒸餾燒酎味道更為芳醇。山口酒造場的梅酒是使用自家日本酒釀造後的酒粕進行再發酵後蒸餾而成，將梅子醃漬後來釀製梅酒。主要分成芳醇透潔的特撰梅酒，與含果肉的濃醇梅酒兩種。後者的庭之鶯「鶯O-toro梅酒」還曾獲選為一年只有一位能得獎的「天下御免」之殊榮，據說這也是目前唯一一款能在決賽中全數獲得評審公認第一的酒款。

桶賣

在'60～'70年代，日本市場面臨外來酒的大崛起，雖然日本酒大廠的人氣依在，但眾多小型的日本酒造卻面臨考驗，在大廠商品供不應求的情況下，以較低廉的價格向小酒造買酒並掛上自家品牌後販售，便稱作「桶賣」。雖然帶來互助的效應，不過在某個層面上也算是日本酒業界的黑暗期吧。

庭之鶯粉紅氣泡酒

庭のうぐいす スパークリングピンク｜
Niwa No Uguisu Sparkling Pink

· 精米步合 60 %
· 適飲溫度 冷飲
· 香氣類型 花果般的香氣 原物料香氣
· 酒體 輕酒體
· 建議售價 $$

Sake 採瓶內二次發酵，淡粉紅氣泡高雅細緻，推薦為餐前酒，「Medium dry」的酒體在酸味上的表現略強，微帶甜感，圓潤的口感，也可為餐中酒。飲用溫度在5〜8℃之間。

Ryouri 酒體的清爽酸味與俐落感不但提升食欲，也擁有能輔佐前菜料理的特質。適合搭配海藻醋物、刺身拼盤、西式蔬菜凍（terrine）等。日本人有先食用酸味食物的習慣，與這款酒非常搭配。醬油風味也適合，此酒款從味道清爽的白肉魚，到油脂豐富的魚肉皆宜，可以搭配所有刺身。另外也可與前菜類料理、蔬菜凍一起享受蔬菜天然的香氣及甜味，可以說是全方位型的酒款。

庭之鶯鶯O-toro梅酒

特撰梅酒うぐいすとまり鶯とろ｜
Niwa No Uguisu O-toro

· 適飲溫度 加冰塊 冷飲
· 建議售價 $$

Sake 在梅酒競賽中獲得天下御免殊榮的酒款。香味呈現新鮮，酒體呈現濃郁的果肉梅酒。以福岡特有的粕燒酎為底，將青梅浸漬其中，經2年的熟成後與青梅果泥一同呈現出獨特的稠暢口感。建議加入冰塊飲。

Ryouri 搭配胡麻鯖魚與活跳素魚（しろう）醋物。鯖魚與梅子原本就非常搭配。這款讓人聯想到完全熟成的梅子，濃厚香味引發食慾。活跳素魚醬汁的酸由土佐醋、柚子醋、薑末與鰹魚高湯調製而成，活魚在口中的舞動口感令人驚艷，醬汁的柔酸與Otoro梅酒的酸甜味則表現出調和感。

庭之鶯純米大吟釀45黑鶯

庭のうぐいす純米大吟醸 くろうぐ |
Niwa No Uguisu Junmai Daiginjo Kuro Uguisu

- 精米步合 45%
- 適飲溫度 冷飲
- 香氣類型 花果般的香氣
- 酒體 中酒體
- 建議售價 $$

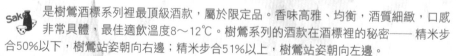

Sake　是樹鶯酒標系列裡最頂級酒款，屬於限定品。香味高雅、均衡，酒質細緻，口感非常具體，最佳適飲溫度8～12℃。樹鶯系列的酒款在酒標裡的秘密——精米步合50%以下，樹鶯站姿朝向右邊；精米步合51%以上，樹鶯站姿朝向左邊。

Ryouri　搭配竹崎蟹，伊呂波島的牡蠣。竹崎蟹為有明海的螃蟹品種，由於海水鹹度較低，能襯托出竹崎蟹的甜味表現。銳利、收尾乾淨的口感，提高螃蟹深奧的旨味與甜味。酒與螃蟹味道皆具深度及略帶苦澀感，搭配後呈現絕妙美味。酒與牡蠣則各帶甜味及旨味，兩者融合後，味道非常和諧。同調與調和，非常有趣的呈現。

庭之鶯純米大吟釀50

庭のうぐいす純米大吟醸 |
Niwa No Uguisu Junmai Daiginjo

- 精米步合 50%
- 適飲溫度 冷飲
- 香氣類型 花果般的香氣
- 酒體 中酒體
- 建議售價 $$

Sake　甜味與酸味非常調和，是樹鶯系列中香氣最芬芳的酒款。香氣展現出多元的複雜感，味道則呈現出具深度的旨味表現與回甘的芳醇。最佳適飲溫度是在8～15℃。杜氏以潔淨無垢，且具有存在感為目標釀造出的酒款，也是宛如具內涵的女性酒款。

Ryouri　搭配筍饅頭，勝男菜及蕾菜浸物。筍子的苦味與新酒非常搭配，雖然沒有新酒般清爽，但瓶貯藏所呈現出的新鮮感，具有甜味與酸味的表現，與蒸過的筍饅頭非常適合。味道簡單的蔬菜浸物，與酒自然融合一起，味道舒暢。（註：日本料理所稱的饅頭並非由麵粉發酵後所蒸熟的麵粉製品，而是多半以根莖類植物經烹調後磨成泥狀並加以調味，塑型成球狀，以蒸或炸熟後淋上醬汁的料理法，可選擇包餡與否。前文所述的筍饅頭則是將煮熟後的筍子磨泥後調味製成的一道功夫菜。）

庭之鶯純米吟釀60

庭のうぐいす純米吟醸 |
Niwa No Uguisu Junmai Ginjo

- 精米步合 60%
- 適飲溫度 冷飲 常溫 溫飲
- 香氣類型 原物料香氣
- 酒體 中酒體
- 建議售價 $

Sake　酸味潔淨清爽，旨味飽滿芳醇，酒體的酸味特質能扮演好餐中酒的refresh（洗滌）角色。回溫時，如果實般的味道會擴散開來。最佳適飲溫度是在8～15℃。對這款酒的印象感就宛如有著長者般的歷練感與包容心。據說在釀造這款酒時，是以葡萄酒中的白蘇維濃（Sauvignon blanc）及黑皮諾（Pinot noir）為靈感。

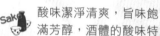

Ryouri　搭配鹿兒島黑毛和牛。此酒有著「男性酒」的特質，銳利的酒體與dry的味道表現可以徹底去除殘留口中的牛肉油脂，讓口中變得清爽。其他如豬肉、油炸料理或燒烤都能搭配，適合作為餐中酒。

附錄＆索引
日本酒專賣店・酒鋪（台灣）

全台連鎖

city'super
- 02-77113288
- http://www.citysuper.com.tw/index.aspx

橡木桶洋酒專業代理
- 0800-059-099
- http://www.drinks.com.tw/

北部

台北松山區

Breeze Super 微風超市
- 台北市松山區復興南路一段39號
- 02-66008888#7001
- 營業時間：週日～週三 11:00～21:30
  週四～週六 11:00～20:00

SAKA.YA日本酒／酒器／米麴發酵液保養品專門店
- 台北市松山區敦化北路155巷6號之一
- 02-27126839
- 營業時間：週一～週六 12:00～20:00
- http://www.sakaya.life

台北大安區

友士食品館
- 台北市大安區四維路25號
- 02-27092895
- 營業時間：週一～週日 11:00～21:00

新竹竹北區

Winest酒窩酒類專業門市
- 新竹縣竹北市文興路二段66號
- 03-6682202
- 營業時間：週一～週六 10:00～20:00

南部

台南中西區

神釀川 日本酒專賣店
- 台南市中西區健康路一段170巷16號
- 06-2159938
- 營業時間：週一～週六 12:00～22:00

高雄前金區

大立TALEE'S
- 高雄市前金區五福三路59號
- 07-2613060
- 營業時間：週日、例假日 10:30～22:00
  週一～週四 11:00～22:00
  週五、例假日前一天 11:00～22:30
  週六、連續假日 10:30～22:30
  超市10:30 起營業

日本酒食好去處（台灣）

北部

台北北投區

夕月Bar
- 台北市北投區光明路236號（北投日勝生加賀屋）
- 02-28911111
- 營業時間：週日～週六 18:00～凌晨0:00
- 有著不同於都會叢林中喧鬧的夜店，緊鄰著綠樹繁蔭的北投公園。縱長的空間搭配大面玻璃窗，使視覺感更為開放寬敞。三十多款日本酒，少數以日本酒調酒的吧。

台北士林區

鳥哲燒物
- 台北市士林區福華路128巷12號
- 02-28310166
- 營業時間：週一～週日 18:00～00:00
- 以日本「燒鳥」（烤雞肉串）料理為主軸，食材以雞肉為主。店名「哲」取自店主蕭哲文之名，代表以個人信譽擔保料理的絕佳品質。是一間將日本「懷石料理」理念融入串燒中，並加入餐搭酒元素，網羅許多日本好酒的專門料亭。

台北中山區

HanaBi
- 台北市中山北路二段20巷1-3號
- 02-25119358
- 營業時間：週日～週四 11:30～14:00／18:00～22:30
  週五～週六 11:30～14:00／18:00～23:00
- 隱身在繁華的中山區巷弄中，緊鄰著白色古典洋房的台北光點，寬敞的居酒空間搭配杉木裝潢，使視覺感更為放鬆、舒適，除了有六十多款日本酒，也是少數有唎酒師駐店的店家。

祥雲龍吟
- 台北市中山區樂群三路301號5樓
- 02-85015808
- 營業時間：週二～週日 18:00～23:00
- 米其林三星餐廳——日本「龍吟」（RyuGin）分店，以台灣豐富物產，融合極致料理技術，搭配嚴選御茶及侍酒師精選餐搭酒款，詮釋出兼具傳統與創新的懷石料理。

台北松山區

KOUMA日本料理小馬
- 台北市松山區民生東路三段111號B1（台北西華飯店）
- 02-27181188
- 營業時間：週一～週六 12:00～14:30／18:00～22:00
- KOUMA料理長和知軍雄堅持採用新鮮漁獲且嚴謹慎選產地，而承襲自其恩師神田主廚獨特的「減法哲學」也充分展現在料理上，無論技術或在清酒上的搭配都能展現出極致。

台北中正區

Shochu Sake Bar（小酒）
- 台北市中正區八德路一段40號
- 02-23951700
- 營業時間：週一～週四 12:00～凌晨1:00
  週五～週日 12:00～凌晨2:00
- 一道擺滿Sake的牆後，隱藏著一間「Speakeasy」風格的Sake Bar，除了每週更換不同日本地酒組合（四杯、兩杯）的酒單，更常備50～60款日本酒等您來挑選。

台北大安區

Senn先酒肴
- 台北市大安區敦化南路一段163號2樓
- 02-27755090
- 營業時間：週一～週四 18:00～凌晨1:00
  週五～週六 18:00～凌晨2:00
- 座落敦南南林隆大道二樓，在實木吧台落地窗前享用新鮮季節的日式料理。著重酒肴的搭配，獨家代理岩手地酒，有駐店喇酒師親自手服務。營業至凌晨，提供好酒、好菜、好朋友的夜食享受。

WA-SHU和酒
- 台北市大安區忠孝東路四段101巷39號A2
- 02-27714240
- 營業時間：週一～週六 19:00～凌晨2:00
- 老闆稻葉先生在歐洲許多釀造所與蒸餾所修業完後，秉持著傳達日本文化的使命所開的日式酒吧，店內除了結合了許多日本產的酒類以外，以日本酒為基底所做的調酒也是一大特色。

花酒藏Aplus Dining Sake Bar
- 台北市大安區安和路一段33號
- 02-27319266
- 營業時間：週日～週四 12:00～14:30／17:30～凌晨0:30
  週五～週六 12:00～14:30／17:30～凌晨2:00
- 花酒藏創立於1997年，是台灣第一家清酒餐酒館，約有130餘款清酒供消費者選擇，並聘請多位SSI初階或高階認證喇酒師於現場提供消費者品飲清酒的建議與服務。

吉力酒藏 日本專營地酒
- 台北市大安區安和路二段28號
- 02-27069699
- 營業時間：週一～週六 12:00～22:30
- 隱身在安和路住宅區的日本地酒專營店。店內網羅自東北到九州地區的豐富品項，提供許多與日本同步的卓越逸品。在這個日本酒的小世界裡，無論初學者或專業品飲者都能樂在其中。

一味屋
- 台北市大安區延吉街160巷2號
- 02-27119922
- 營業時間：週二～週日 17:30～凌晨1:00
- 坐落在繁華的東區巷弄內，訴求食材新鮮與服務至上的精神。一位認真的老闆、一位懂酒的外場達人、一群活力十足的員工，致力為顧客打造一場味覺與視覺的感官享宴。

桃園桃園區

鳥久居酒屋
- 桃園市桃園區桃一街63號
- 03-3370503
- 營業時間：週一、週三～週日 18:00～01:00
- 鳥久居酒屋——復刻記憶，打造夢想。鳥久（Tori-kyu）隱身於桃園市區住宅巷弄中，主打日本傳統家庭料理，加上近百種各地日本酒及特色酒款，由具日本酒國際喇酒師資格的店長Taco領軍，營造出「家」的熱情溫馨氛圍，致力將日本餐酒文化推廣給所有喜愛日式料理的顧客。

中部

台中西屯區

敏郎燒鳥屋
- 台中市西屯區大墩20街162號
- 04-23209572
- 營業時間：週日～週一 19:00～凌晨2:00
  週三～週六 19:00～凌晨2:00
- 外觀低調的店面，由對料理富有高度熱誠的喇酒師兄弟檔所經營，小小的空間裡瀰漫著喜悅與滿足的氛圍，店內的日本酒約有二十款，每三個月會換一次酒單，提供多樣化的選擇。

台中南屯區

真月新日本料理
- 台中市南屯區黎明路二段706號
- 04-22541699
- 營業時間：週一～週日 11:30～14:30／17:30～21:30
- 無菜單新懷石料理。依循「不時不食」的養生觀，料理團隊秉持旬味精神，用季節食材交織出美味的創意料理。裝潢以東京前衛風為主題，低調沈穩，銅鐵空間增添現代感，展現風、雅、淳、真、器五感平衡的氛圍。

南部

台南中西區

花川日式料理
- 台南市中西區中正路39巷16號
- 06-2201117
- 營業時間：週日～週六 11:00～凌晨1:30
- 堅持時令結合地方，以「一生懸命」的態度烹調著四季食材及時令海鮮，料理出道地的日式美餚，搭配各式日本酒及燒酎，期盼能從繁複中吃出簡單的美味，這就是令人回味無窮的花川。

高雄鳳山區

五味藏
- 高雄市鳳山區濱山街46號
- 07-7779796
- 營業時間：週二～週日 18:00～凌晨1:00（農曆年間休息）
- 除了目不暇給的日本酒類選擇，更供應暢快解渴的日本生啤酒、精釀啤酒。各式酒肴、串燒以及當日購入的鮮魚料理，讓喜愛小酌的您心中能充滿都市人生活中的小確幸。

日本酒食好去處（日本）

東京都中央區

酒の穴（Sakenoana）
- 東京都中央区銀座3-5-8 銀座らん月B1
- +81-3-35671133
- 營業時間：週日、例假日 11:00～22:00（L.O.21:30）
  週一～週六 11:00～23:00（L.O. 22:30）
  （1月1日休息）
- 營業類型：日式餐飲

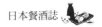

東京都港區

ぬる燗 佐藤（Nurukan Satou）

- 東京都港区六本木7-17-12 六本木ビジネスアパートメンツ1F
- +81-3-3405-4050
- 營業時間：週一～週六 11:30～14:00（L.O.13:30）／17:00～ 23:30（L.O. 22:30）
  （年末年初休息）
- 營業類型：日式餐飲

霞町三〇一ノ一（Kasumichou Sanmaruichinoichi）

- 東京都港区西麻布2-12-5 MISTY西麻布 3F
- +81-3-68053227
- 營業時間：週一～週三、週六 18:00～凌晨2:00
  （L.O.凌晨 00:00）
  週四～週五 18:00～凌晨3:00（L.O.凌晨2:00）
- 營業類型：日式餐飲

酒茶論（Shusaron）

- 東京都港区高輪4-10-18 京急ショッピングプラザ ウィング高 輪WEST 2F
- +81-3-5449-4455
- 營業時間：週一～週五 17:00～凌晨0:00
  週六～週日、例假日 15:00～凌晨0:00
  （料理L.O. 23:00／飲品L.O. 23:30）
- 營業類型：日本古酒吧

庫裏（Kuri）

- 東京都港区新橋3-19-4 桜井ビル2F
- +81-3-34383375
- 營業時間：週一～週六 16:00～凌晨0:00
  （料理L.O. 23:00／飲品L.O. 23:30）
- 例假日 16:00～22:00
  （年末年初、黃金周、中元節營業時間不定）
- 營業類型：日本酒吧

東京都新宿區

方舟 新宿西口店（Hakobune Shinjuku-nishiguchi）

- 東京都新宿区西新宿7-10-18 パシフィカ小滝橋ビル6F
- +81- 3-5937-0038
- 營業時間：週日、例假日 17:00～22:00
  （料理L.O. 21:00／飲品L.O. 21:30）
  週一～週四 17:00～23:00（料理L.O. 22:00／飲品L.O. 22:30）
  週五～週六、例假日前一天 17:00～23:30（料理L.O. 22:30／飲 品L.O. 23:00）
  （每月第一個週一、連休假期最後一天休息）
- 營業類型：日式餐飲

日本酒教室

台灣酒研學院 · 日本酒學部

- http://www.wineacademy.tw

乾杯SAKE學苑

- https://www.facebook.com/kanpaisakeschool

中日對照名詞速查表

（酒款、溫度、料理）

北海道

國稀酒造

- 北海鬼殺（北海鬼ころし／Hokkai Onikoroshi）
  冷飲 常溫
  毛蟹蟹肉與蟹膏的甲殼燒（毛ガニの身と味噌の甲羅焼き）
- 上撰國稀（上撰國稀／Jousen Kunimare）
  冷飲 常溫 溫飲
  鰍魚卵（かじかの玉子）
- 國稀特別純米酒（國稀特別純米酒／Kunimare Tokubetsu Junmai-shu）
  常溫 溫飲
  數子魚卵（数の子）、鱈魚子（たらこ）
- 佳撰國稀（佳撰國稀／Kasen Kunimare）
  冷飲 常溫
  牡丹蝦刺身（ぼたん海老のお刺身）
  溫飲
  炭烤牡丹蝦（ぼたん海老焼き）

男山酒造

- 男山純米大吟醸（男山純米大吟醸／Otokoyama Junmai Daiginjo）
  冷飲
  豬肉豆腐（肉どうふ）、白肉魚（白身魚）、章魚（たこ）、 烏賊（イカ）、干貝（ほたて）、炭烤鯦魚（ホッケの網焼 き）
- 男山寒酒特別本醸造（男山寒酒特別本醸造／Otokoyama Kanshu Tokubetsu Honjozo）
  冷飲 溫飲
  鱈魚白子與牡蠣味噌燒（たちとカキの味噌焼き）

北陸地方－石川縣

吉田酒造店

- 手取川本醸造甘口加賀美人（手取川本醸造甘口加賀美人／ Tedorigawa Honjozo Amakuchi Kagabijin）
  冷飲 溫飲 熱飲
  燉煮能登豬肉（能登豚の角煮）、蒲燒鰻魚（うなぎの蒲 焼）、照燒鰤魚（ぶりの照り焼き）、壽喜燒（すき焼き）、 醬烤雞肉串（タレの焼き鳥）
- 手取川山廢純米酒（手取川山廃仕込純米酒／Tedorigawa Yamahai-jikomi Junmai-shu）
  冷飲 溫飲
  能登牛握壽司（能登牛の握り）、劍崎辣椒味噌（郷土料理剣 崎のなんば味噌）
- 手取川大吟醸名流（手取川大吟醸名流／Tedorigawa Daiginjo Meiryu）
  冷飲
  碳烤金澤粗蔥佐能登鹽（金澤一本太ねぎの炭火焼き）、帶骨香 魚料理（鮎の背こし）、河豚生魚片（ふぐの刺身）、海鮮沙 拉（シーフードサラダ）、生蠔（生ガキ）
- 吉田藏大吟醸（吉田蔵大吟醸／Yoshida Kura Daiginjo）
  冷飲
  嶸螺刺身（さざえのお造り）、烏魚子（からすみ）、海老與 海膽佐醋凍（エビと雲丹のゼリー寄せ）、海老與油菜花佐魚 子醬（エビと菜の花キャビア添え）
- 手取川純米大吟醸本流（手取川純米大吟醸本流／Tedorigawa Junmai Daiginjo Honryu）
  冷飲 溫飲

近畿地方－京都

玉乃光酒造

- 純米大吟釀播州久米產山田錦35%（純米大吟醸播州久米産山田錦35%／Junmai Daiginjo Banshukumesan Yamada Nishiki 35%）
  冷飲
  鯛魚壽司（鯛寿司）、醬烤山椒竹筍（筍の木の芽田楽）、鮮魚Carpaccio（刺身のカルパッチョ）、山菜浸物（山菜のおひたし）、天婦羅（天ぷら）
- 純米大吟釀備前雄町100%（純米大吟醸備前雄町100%／Junmai Daiginjo Bizen Omachi 100%）
  冷飲 溫飲
  綜合生魚片（お造りの盛り合わせ）、鯛魚（鯛）、鮪魚（鮪）、明蝦（車海老）、汆燙竹筍（たけのこ）、京懷石料理、汆燙鱧魚（鱧魚の湯引き）、天婦羅（天ぷら）
- 純米吟釀霙酒（純米吟醸みぞれ酒／Junmai Ginjo Mizore Sake）
  凍飲 冷飲
  葡萄柚（グレープフルーツ）、柳橙（オレンジ）、水蜜桃（モモ）、完熟哈密瓜（完熟メロン）、甜味濃郁的罐裝或是瓶裝水果
- 純米吟釀傳承山廢（純米吟醸伝承山廃／Junmai Ginjo Densho Yamahai）
  冷飲
  鱉與松露的茶碗蒸（スッポンとトリュフの茶わん蒸し）
  溫飲 熱飲
  烤山椒鴨肉（鴨の山椒焼き）、燉煮豬肉塊（豚の角煮）、醬風串燒（焼き鳥 タレ味）
- 純米吟釀祝100%（純米吟醸祝100%／Junmai Ginjo Iwai 100%）
  冷飲 常溫
  筍、鮑、海帶芽涮鍋（筍と鮑とワカメの小鍋 しゃぶしゃぶ仕立て）、貝類、奶油乳酪（クリームチーズ）、西式料理（洋風料理）
- 純米吟釀特撰辛口（純米吟醸特撰辛口／Junmai Ginjo Tokusen Karakuchi）
  冷飲 常溫 溫飲
  紅肉生魚片、天婦羅（天ぷら）、生腐皮（生ゆば）

梅乃宿酒造

- 風香純米大吟釀（風香純米大吟醸／Fuka Junmai Daiginjo）
  冷飲
  味道清淡的章魚（タコ）、竹筍（たけのこ）、各式前菜料理、鯖魚（さば）、柿葉壽司（柿の葉寿司）
- 風香純米吟釀（風香純米吟醸／Fuka Junmai Ginjo）
  冷飲
  高湯玉子燒（出汁巻き玉子焼き）、山菜天婦羅（山菜の天麩羅）
- 風香純米（風香純米／Fuka Junmai）
  冷飲 常溫 溫飲
  燉煮鰤魚白蘿蔔（ぶり大根）、牡蠣土手鍋（牡蠣の土手鍋）、秋刀魚料理、粕漬燒（粕漬け焼き）、土魠山椒味噌燒（鰆の木の芽味噌焼き）
- 山香純米大吟釀（山香純米大吟醸／Sanka Junmai Daiginjo）
  冷飲 常溫
  昆醃鯛魚（鯛の昆布〆）、生牛肉（牛たたき）、山藥鮭魚卵（いくら山芋）
- 山香純米吟釀（山香純米吟醸／Sanka Junmai Ginjo）
  冷飲 常溫 溫飲
  鯛魚茶泡飯（鯛茶漬け）、胡麻豆腐涼拌野菜（白和え）、酒蒸蛤蠣（あさりの酒蒸し）、若筍（若筍煮）、鯛魚魚卵黃金煮（鯛の子黄金煮）、蝦（海老）
- 山香本醸造（山香本醸造／Sanka Honjozo）
  常溫 溫飲 熱飲
  鹽麴牛肉（牛肉の塩麴仕立て）、牛排（牛肉のステーキ）、

白肉魚（白身魚）、壽喜燒（すき焼き）、味噌燒（味噌漬け焼き）、鍋類料理（鍋料理）

九州地方－山口縣

永山本家酒造場

- 貴 濃醇辛口純米酒（貴 濃醇辛口純米酒／Taka Noujun Karakuchi Junmai-shu）
  冷飲 常溫 溫飲
  虎河豚壽司（活〆とらふぐ寿司）、河豚唐揚（ふぐの唐揚）、中華料理
- 貴 特別純米60（貴 特別純米／Taka Tokubetsu Junmai）
  冷飲 常溫 溫飲
  虎河豚刺身（活〆とらふぐ刺身）、白肉魚（白身魚）、章魚（タコ）、烏賊（イカ）、關東煮（おでん）、生蠔（生牡蠣）
- 貴 山廢純米大吟釀（貴山廃純米大吟醸／Taka Yamahai Junmai Daiginjo）
  冷飲 常溫 溫飲
  虎河豚鍋（活〆とらふぐ鍋）、牡蠣鍋（カキしゃぶ）、蒸魚料理（魚の蒸し料理）、河豚白子料理（ふぐの白子）
- 貴 純米吟釀雄町（貴 純米吟醸雄町／Taka Junmai Ginjo Omachi）
  冷飲 常溫 溫飲
  河豚唐揚（ふぐの唐揚）、乳酪（チーズ）、白燒鰻魚（うなぎ白焼き炭火焼き）、紅燒魚（魚のアラ煮）
- 貴 純米吟釀山田錦50（貴 純米吟醸山田錦50／Taka Junmai Ginjo Yamada Nishiki）
  冷飲 常溫
  烤河豚白子（ふぐの白子焼き）、燉煮蔬菜（野菜の煮びたし）

九州地方－福岡縣

山口酒造場

- 庭之鶯粉紅氣泡酒（庭のうぐいす スパークリングピンク／Niwa No Uguisu Sparkling Pink）
  冷飲
  海藻醋物（おきうとの酢の物）、刺身拼盤（お刺身盛り合わせ）、西式蔬菜凍（野菜のテリーヌ）
- 庭之鶯鶯O-toro梅酒（特撰梅酒うぐいすとまり鶯とろ／Niwa No Uguisu O-toro）
  加冰塊 冷飲
  胡麻靖魚（ごまさば）、活跳素魚醋物（しろうおの踊り）
- 庭之鶯純米大吟釀45黑鶯（庭のうぐいす純米大吟醸くろうぐ／Niwa No Uguisu Junmai Daiginjo Kuro Uguisu）
  冷飲
  竹崎蟹（竹崎ガニ）、伊呂波島的牡蠣（いろは島のカキ）
- 庭之鶯純米大吟釀50（庭のうぐいす純米大吟醸／Niwa No Uguisu Junmai Daiginjo）
  冷飲
  筍饅頭、勝男菜（かつお菜）、蕾菜浸物（つぼみ菜のおひたし）
- 庭之鶯 純米吟釀60（庭のうぐいす 純米吟醸／Niwa No Uguisu Junmai Ginjo）
  冷飲 常溫 溫飲
  炭烤鹿兒島黑毛和牛（鹿児島の黒毛和牛ロース）、豬肉（豚肉）、油炸料理（揚物）、燒烤料理（焼物）

VV0054

日本餐酒誌
——跟著SSI酒匠與日本料理專家尋訪地酒美食

作　　　者	歐子豪、渡邉人美
日文翻譯	陳瑩玉
插　　　畫	張倚禎
攝　　　影	余文仁、張與蘭
特約編輯	吳佳穎

總編輯	王秀婷
責任編輯	張成慧
版　　　權	徐昉驊
行銷業務	黃明雪、林佳穎

| 發 行 人 | 涂玉雲 |
| 出　　　版 | 積木文化 |

104台北市民生東路二段141號5樓
電話：(02) 2500-7696 │ 傳真：(02) 2500-1953
官方部落格：www.cubepress.com.tw
讀者服務信箱：service_cube@hmg.com.tw

發　　　行　英屬蓋曼群島商家庭傳媒股份有限公司城邦分公司
台北市民生東路二段141號11樓
讀者服務專線：(02) 25007718-9 │ 24小時傳真專線：(02) 25001990-1
服務時間：週一至週五09:30-12:00、13:30-17:00
郵撥：19863813 │ 戶名：書蟲股份有限公司
網站：城邦讀書花園 │ 網址：www.cite.com.tw

香港發行所　城邦（香港）出版集團有限公司
香港灣仔駱克道193號東超商業中心1樓
電話：+852-25086231 │ 傳真：+852-25789337
電子信箱：hkcite@biznetvigator.com

馬新發行所　城邦（馬新）出版集團Cite (M) Sdn Bhd
41, Jalan Radin Anum, Bandar Baru Sri Petaling,
57000 Kuala Lumpur, Malaysia.
電話：(603) 90578822 │ 傳真：(603) 90576622
電子信箱：cite@cite.com.my

| 美術設計 | 許瑞玲 |
| 製版印刷 | 上晴彩色印刷製版有限公司 |

2015年10月27日　初版一刷　Printed in Taiwan.
2022年1月27日　初版四刷
售價380元
ISBN　978-986-459-016-2【紙本／電子版】

版權所有‧翻印必究

本書參考資料

參考書目

・《日本酒の基》／日本酒サービス研究
　會‧酒匠研究會連合會（SSI）
・《酒米ハンドブック》／副島顕子‧著
　（文一総合出版）
・《日本人の食事摂取基準 2010年版》／
　第一出版編集部‧編（第一出版）
・《第六次改定 日本人の栄養所要量─食
　事摂取基準》／健康栄養情報研究会‧
　編（第一出版）
・《キッチン栄養学》／上村泰子‧著
　（高橋書店）
・《キッチン食事学》／上村泰子‧著
　（高橋書店）
・《生飲自來好水》／楊惠芳、
　高橋健一‧著（健康產業流通新聞報）

相關機構官方報告

日本酒造組合中央會
http://www.japansake.or.jp/
日本國稅廳 https://www.nta.go.jp/

國家圖書館出版品預行編目(CIP)資料

日本餐酒誌：跟著SSI酒匠與日本料理專家
尋訪地酒美食 / 歐子豪, 渡邊人美著. -- 初
版. -- 臺北市：積木文化出版：家庭傳媒城
邦分公司發行, 民104.10

　面；　公分

ISBN 978-986-459-016-2(平裝)

1.酒 2.飲食風俗 3.日本

538.74　　　　　　　　　　　　104021510